Tu Vida Es Tu Obra Maestra

Consejos prácticos para diseñar tu propia vida, a propósito

Dr. César Vargas

Doctor en Hipnoterapia Clínica

Título original en inglés: Your Life Is Your Masterpiece

Copyright © 2012 All Rights Reserved. Todos los Derechos Reservados.
Dr. César Vargas, MNLP, MTT, MHt.

Corrección y Formato: Dr. César Vargas

Diseño de Portada: Katrin Shumakov

Ninguna parte de este libro se puede reproducir, guardar en un sistema de recuperación no transmitir por ningún medio electrónico, mecánico, por fotocopias, grabación o de otra manera, sin el permiso expreso por escrito de la Editorial. No se asume responsabilidad patente con respecto al uso de la información aquí contenida, pues este contenido se presenta únicamente con fines informativos y de entretenimiento. Aunque se ha extremado el esmero en la preparación de este libro, ni la Editorial ni el autor asumen ninguna responsabilidad por errores u omisiones. Además, no se asume responsabilidad por daños que pudiesen suceder por el uso de la información aquí contenida. Úsela bajo su propio riesgo. La información contenida aquí NO reemplaza el consejo competente de un profesional titulado jurídico, médico o de salud mental.

¡Visita TuVidaEsTuObraMaestra.com para informarte sobre nuestros eventos para Crear Tu Vida Como Tu Obra Maestra, Taller de Metas Certeras, Hipnosis, Programación Neuro-Lingüística y más!

Veritas Invictus Publishing
8502 East Chapman Avenue # 302
Orange, California 92869

ISBN 978-1-939180-02-5

www.*TuVidaEsTuObraMaestra*.com

DEDICACIÓN

Esta obra está dedicada a todos y cada uno de mis estudiantes, clientes y participantes en seminarios, pues todos me han enseñado algo acerca de la mejor utilización de estos principios en las situaciones más prácticas.

A todos mis maestros y mentores, por compartir libre y completamente, y confiarme este poderoso conocimiento... ¿realmente saben qué han hecho?

Finalmente, para Ali. ¡Porque la Vida es Maravillosa cuando Tú LA CREAS! ¡Apréndelo, Vívela, Ámala! Estoy orgulloso de ti.

CONTENIDO

✦ ✦ ✦

INTRODUCCIÓN 1

El comienzo de mi travesía para crear este libro

La PNL para esculpir tu vida

Una inversión que te generará grandes réditos

La clave para tu éxito

Tu vida es tu obra maestra

TU OBRA MAESTRA 7

Sé La Causa

Vivir Por Efecto no es vivir

Vive como La Causa

No soy perfecto

Haz que TODA experiencia sea exitosa —hasta un «fracaso»

Aléjate de esta manera deshabilitadora de vivir

La Clave para una vida satisfactoria

¿Quién eres? - Tu primer ejercicio

TU CEREBRO ES UNA MÁQUINA DE APRENDIZAJE DE LA CUNA A LA TUMBA 23

    Cómo aprendemos

    Diálogo interno positivo y negativo

    Te presento al Don Hablador

    Cómo crear tu propio Destino

FILTROS MENTALES: SUPRESIONES, DISTORSIONES, GENERALIZACIONES, MAPAS DEL MUNDO 29

    Nuestro punto de vista del mundo es único para cada uno de nosotros

    Algunos Meta Programas

    Razonamiento emocional

    Usar «Deberías»

    Etiquetar y etiquetar mal

    Proyección

DIRECTRICES PRINCIPALES DE LA MENTE INCONSCIENTE 47

    Las funciones principales de la Mente

      El generador de hábitos

      El lenguaje simbólico de la mente

      El principio del menor esfuerzo

      NO uses lenguaje negativo

Presuposiciones de la PNL 65

Respeto por el modelo del mundo de la otra persona

Trabaja con conducta y cambio en términos de contexto y ecología

La resistencia es un indicio de falta de compenetración

La gente no es su comportamiento

Enfócate en la conducta

El mapa no es el territorio

Todos los procedimientos deben incrementar el todo

No hay fracaso, sólo retroalimentación

El significado de la comunicación es la respuesta que obtienes

La gente tiene todos los recursos que necesita

Tú estás a cargo de tu mente y, por lo tanto, de tus resultados

Percepción es proyección 79

Proyectamos nuestros pensamientos y creencias más ocultas hacia los demás

Nuestras creencias (especialmente las profundas) se vuelven nuestra realidad

Un prerrequisito para influenciar a los demás

Ten cuidado con esto para ser un exitoso Practicante de PNL

M.E.T.A. ® 83

    Fija tus metas acorde al funcionamiento de tu mente

    M.E.T.A. Registrada

        Mensurable / Mía / Motivadora

        Específica / Elástica / Emocionante

        Trascendente / Todas las áreas de tu vida / Tiempo (basada en el,)

        Actual / Alcanzable / Afirmativa

        Realista / Regocijante/Rica / Responsable (Ecológica)

    Decide quién quieres ser

    ¿Eres «La Causa» o vives por «El Efecto»?

FELICIDAD DESDE TU INTERIOR 111

    La fuente de la felicidad

    Lo que se dice de la felicidad

    ¿Necesitas una razón para ser feliz?

INCLUYE TODAS LAS ÁREAS DE TU VIDA 117

    ¿Quién eres, en realidad?

    Tus muchos papeles

    Basta del balance; la armonía es alegría

    Emoción intencional vs. Drama externo

    Tu Tablero de la vida

¿QUÉ TE DETIENE DE ESTAR ALLÍ AHORA? 129

    La historia (y actitud) de Lance Armstrong de despojarse

    ¿Qué equipaje llevas cargando?

    Despeja la negatividad del pasado

    Haz una lista de todas las cosas incompletas en tu vida

    ¿Qué te impide vivir la vida que quieres ahora?

    ¿Hay alguna parte de ti que no quiere que esto suceda?

    Despeja las decisiones limitantes

    Integración de partes

DOLOR VS. PLACER 147

    El mayor catalizador para el cambio

    El Patrón Dickens

    Una nueva perspectiva y un nuevo resultado

TÚ TIENES ESTRATEGIAS 151

    Nuestros programas mentales

    Las estrategias son la clave para las relaciones exitosas

    Conoce tus estrategias para crear tu vida

ESTRATEGIA DE AMOR 155

    Cómo crear anclas poderosas

    Tipos de anclas

    Algunos ejemplos de anclas en nuestras vidas

ENTONCES, ¿CÓMO VAS? – PREPARA, FUEGO, APUNTA 161

Un mejor método que el de prueba y error

«Fracaso» significa que puedes ajustar y mejorar

Elimina tu temor al fracaso Ahora

Un resumen de *Tu vida es tu obra maestra*

ACERCA DEL AUTOR 167

OTROS RECURSOS PARA TU AVANCE 169

Introducción

✦ ✦ ✦

HACE ALGÚN TIEMPO, ME ENCONTRABA ESCUCHANDO el programa de audio Eliminación de Bloqueos Internos (*clearing*) de Joe Vitale, una parte del cual son algunas afirmaciones mezcladas en música inducidora al trance que ayuda a darle forma a una nueva manera de pensar y quitar creencias discapacitantes acerca de ti mismo, tu vida y la manera en que ves las cosas en general.

He seguido las obras de Joe, desde *El Poder del Mercadeo Extravagante,* hasta todos los de la serie *Redacción Hipnótica* hasta su más reciente (al momento de escribir esto) *Curso del Despertar.* Me encanta la manera que da libremente de su propia experiencia; tanto así, que me ofrecí a traducir al español su libro *Mercadotecnia Espiritual,* el cual es el precursor de su libro *El Poder de la Atracción.*

Mientras escuchaba este audio de Eliminación de Bloqueos Internos, una frase particular resonó en mí... parecía como si esta frase simplemente hubiera saltado fuera del reproductor de CD y encajara directamente en lo más profundo de mi ser. La frase es: «Tú eres el Miguel Ángel de tu propia vida; el David que estás esculpiendo eres tú».

Es profundo, ¿no es así?

¡Considéralo!

TODO lo que hacemos (o no hacemos) en nuestras vidas, cada momento de cada día, con cada decisión que tomamos, estamos creando... no... estamos ESCULPIENDO nuestra propia vida.

Como exitoso Maestro Practicante y Entrenador en Programación Neurolingüística, a menudo la gente viene y me dice: «Entiendo que puedo crear mi propia realidad y controlar mi propia mente, pero ¿CÓMO lo hago?»

La respuesta está en este libro.

Cuando te des cuenta de que TÚ —y sólo tú— tienes el control de tu vida, la siguiente pregunta es obvia: ¿CÓMO?

¿Tienes un par de horas que invertir para que puedas diseñar la vida de tus sueños? Estoy totalmente convencido de que, sin importar quién eres o dónde estás, puedo enseñarte cómo puedes tener exactamente lo que quieres, exactamente del modo que lo quieres –o algo incluso mejor de lo que te puedas haber imaginado.

Es sencillo. Es cuestión de aprender cómo funciona tu mente y, usando un método simple, hacer que esta asombrosa máquina que haga todo lo que quieras para darte una vida que ames y disfrutes, una vida que definas tú mismo.

Quizás te preguntes, cómo puede saber uno a ciencia cierta que puede funcionar para él o ella. Sencillamente, si puedes leer estas palabras, el proceso funcionará para ti, porque todos tenemos un cerebro; y eso es de lo que vamos a hablar, vamos a ayudar a que te comuniques con tu mente. Y aunque no nos conozcamos personalmente, te puedo asegurar esto: Todos tenemos una mente, y si supiéramos que es simplemente como una computadora, lista para programar tu vida usando tus propios talentos de diseño, entenderías que eres el programador de tu vida. Quizás debas tener algún entrenamiento de modo que la computadora haga exactamente lo que quieres que haga, de modo predecible. Y, ya que estamos de acuerdo ahora que *Tu Vida Es Tu Obra Maestra,* para poder tener la mejor capacitación artística, y la paleta de pintor más grande con la mayor variedad de pinceles que puedas obtener, para poder CREAR TU OBRA MAESTRA de maneras maravillosas y asombrosas.

Todos somos seres humanos únicos, que cargamos nuestras propias esperanzas y sueños, pero junto con éstos vienen nuestros propios miedos y limitaciones que nosotros mismos generamos, que atrapan tu magnífico potencial propio, y no permiten que aflore a la superficie para contribuir tu belleza al mundo.

Todos los investigadores y técnicos en Programación Neurolingüística —esto es un lenguaje específico; el lenguaje que entiende la mente, y al cual responde— sabemos que todos los seres humanos compartimos características y tenemos maneras similares de pensar (de procesar la información) que están preestablecidas en nuestros cerebros; al igual que cuando compras una computadora nueva, viene equipada con un sistema operativo. Éste está programado por default... y tú ni siquiera lo ves venir ni accedes conscientemente con su contenido.

Yo sé que has tenido deseos y sueños, y que realmente te encantaría hacerlos una realidad. Entonces, comencemos mostrándote cómo puedes crear la vida que quieres, usando los métodos de diseño de vida que te enseñaré a fondo cuando nos conozcamos, o puedes empezar tu recorrido a través de estas páginas.

A partir de este momento, te voy a enseñar cómo crear la vida que diseñarías si supieras cómo. Y aprenderás a hacerlo por ti mismo, comenzando ahora.

Una clienta me dijo al terminar nuestra segunda sesión (parte de la cual consistió en eliminar las memorias negativas del pasado), en la cual instalamos algunas creencias nuevas: «Me has hecho una mujer muy feliz».

Realmente ella hizo todo el trabajo, ya que yo simplemente la guié a través de un proceso, que resultó en la realización y aceptación de una nueva creencia. Su *yo* feliz, verdadero, interno que había estado escondido tanto tiempo bajo capas de protección auto limitantes de miedos y creencias perdieron su efecto haciendo que ella se diera cuenta de que ya no servían en su vida; ella fue capaz de descubrir su propia felicidad que siempre había tenido escondida dentro de sí.

En realidad, en el siguiente par de horas de lectura y de hacer estos simples ejercicios cambia-vidas, aprenderás muchísimo; pero no te prometo que tu vida va a cambiar mágicamente. Pero *lo que hagas* con la información que estás aprendiendo en estas pocas horas te hará una persona más feliz, más sana, incluso más abundante de muchas maneras.

Realmente ya puedes empezar a Esculpir tu Vida en Tu Obra Maestra.

En las próximas horas descubrirás la autopista correcta para llegar a tu destino. Y si necesitas un poco de ayuda a lo largo de tu camino a la grandeza, simplemente contáctanos en el sitio web de abajo y uno de mis socios selectos te guiará a través de los pasos que debes tomar, para alcanzar la realización de tu magnífico potencial. En el siguiente par de horas conocerás cómo funciona tu mente y cómo empezar ahora mismo a Crear Tu Obra Maestra. En el lenguaje más sencillo, de la manera más efectiva, aprenderás este asombroso entrenamiento de las habilidades de tu mente.

¡Te deseo muchas sesiones poderosas y creativas!

Recuerda que *TÚ eres el Miguel Ángel de tu propia vida, el David que estás esculpiendo eres TÚ.*

Dr. César Vargas
Doctor en Hipnoterapia Clínica
www.TuVidaEsTuObraMaestra.com

TU OBRA MAESTRA

✦ ✦ ✦

ESTE LIBRO ESTÁ ESCRITO PARA aquellos que aprecian el arte. No sólo el arte visual —como las pinturas— sino todo tipo de arte: música, poesía, literatura, obras de teatro, etcétera. En cada uno de estos medios hay ejemplos de absoluta perfección, a los que les damos la etiqueta de *Obra Maestra*. Son los mejores ejemplos de ese tipo particular de arte.

Considera a Leonardo da Vinci. Todo mundo conoce su *Mona Lisa*. Tomó años crearla y viajó grandes distancias. Es una de las mejores obras maestras de la pintura que el mundo jamás haya conocido.

En este libro, aprenderás a pintar la obra maestra de tu vida. Tal vez hayas empezado en algunas áreas, pero en otras el lienzo todavía está en blanco.

Todos los artistas maestros vieron el material inicial y visualizaron el producto final antes de empezar a pintar el lienzo o cincelar la piedra. Sabían cómo sería el producto final.

Puede que tengas una idea de cómo se verá tu vida una vez que tu obra maestra sea completada. Está bien si aún no tienes una visión clara; pronto la tendrás. La PNL es la herramienta y los instrumentos con los cuales puedes crear la obra maestra de tu vida. Puede ayudarte a lograr una imagen clara, y te dará las herramientas para hacer esa imagen una realidad. Todo lo que necesitas hacer es creer en tu poder de crear lo que sea que quieras en la vida; la PNL puede ayudarte a llenar los huecos. Cada maestro tuvo un maestro o un mentor que lo ayudó a lo largo del camino. Le enseñaron cómo pintar o esculpir. Le dieron las habilidades y le ayudaron cuando necesitaba asistencia. Le pudieron dar retroalimentación o enseñarles una técnica nueva. Un Profesional Practicante de PNL puede ser el maestro o mentor que necesitas a lo largo de tu camino.

Ahora, ve preparando el lienzo de tu vida. Estás a punto de embarcarte en un viaje a lugares en tu vida que quizás nunca creíste posibles. Verás la belleza y el potencial de tu vida, y empezarás a desarrollar las habilidades necesarias para que suceda y puedas transformar ese lienzo en una obra de arte viva. Todo lo que necesitas es una mente abierta y fe en ti. Ya tienes las herramientas dentro de ti; la PNL desbloqueará tu potencial como maestro de tu vida y como el creador de algo maravilloso.

Sé <u>La Causa</u>

¿Vives tu vida como La Causa? Espero que no la vivas Por Efecto. ¿Conoces la diferencia? Es muy raro que una persona viva su vida totalmente como «La Causa» de su vida, y demasiada gente pasa su vida en el lado de «El Efecto», y simplemente viven sus vidas como respuesta al estado emocional de los demás, y de sus deseos e impulsos.

Ser «La Causa» significa que eres 100% responsable de tomar la decisión de crear lo que quieres en tu vida, y a partir de esa decisión creativamente alcanzas o te guías a ti mismo a conseguir tus resultados en un futuro muy próximo. Ser La Causa significa que ves al mundo como un lugar sorprendente lleno de oportunidades, y te estás moviendo hacia lo que quieres experimentar en tu vida.

Si algo no va por el camino que quieres, eres capaz de tomar medidas y explorar otras rutas potenciales para alcanzar lo que quieres.

Vivir como La Causa significa que sabes que tienes opciones; sí, tú tienes el poder de elegir. Puedes elegir lo que haces, cómo lo haces, cuándo y por qué, y cómo respondes a los demás y a todos los eventos en tu vida.

Por el contrario, están los que parecen estar en el lado de El Efecto de la vida. Seguramente conoces esa gente que culpa a los demás, o culpa a las circunstancias de la vida por sus fracasos, por sus malas actitudes, por sus malos hábitos y por todo.

Cuando vives la vida en El Efecto, has entregado tu poder a los demás; te quedas sin poder y así te sientes: sin poder todo el tiempo. Puedes reconocer estos sentimientos bajo el concepto de «Nunca me siento a gusto con mi vida».

Algunos hombres casados sienten que serían más exitosos si sus esposas los entendieran mejor. Algunos empresarios sienten que si la Economía estuviese mejor, serían más exitosos. Están viviendo por El Efecto.

La gente verdaderamente exitosa… la gente que es más feliz en la vida, vive su vida como La Causa.

«Si los deseos fueran peces todos estaríamos aventando redes.»

Pero si estás esperando que los peces salten al bote por sí solos, y se fríen solos para la cena, será mejor que tengas un buen Plan B.

Deseando y esperando; orando y soñando. Si estás esperando que las cosas o situaciones sean diferentes a lo que son o que los demás te den, estás viviendo tu vida por El Efecto, y supones que eres una víctima en la vida —una víctima de las circunstancias de la vida.

Eso no es verdad, y vivir la vida de ese modo es vivir sin diversión. ¿Te puedes imaginar a ti mismo en esa situación? ¿Puedes imaginar cuán atractivo podrías ser a la vista de los demás? ¿Qué diversión tiene creer que alguien o algo más es responsable por las decisiones que realmente te corresponden a ti tomar?

Que alguien o algo más es incluso vagamente responsable de tu felicidad o de tus cambios de humor, es uno de los comportamientos más difíciles y auto limitantes; eso le permite a los demás esclavizarte, o simplemente tener poderes mágicos sobre ti. ¡Esto sí que es ansiedad!

Vive como «La Causa»

Vivir la vida como La Causa significa que tienes opciones en la vida y puedes elegir exactamente qué es lo mejor para ti. Esto te garantizará que la elección que hagas es segura para el mundo a tu alrededor, que incluye a tu familia, tus amigos y otras personas que viven en tu propia comunidad. Y, si tienes una mayor visión, la decisión será segura para todo el planeta.

Cuando vives por El Efecto, estás preocupado constantemente acerca de las consecuencias de lo que haces, sin aceptar responsabilidad por tus actos y la manera en que afectan a los demás; y no les estás permitiendo ser responsables de su propio bienestar emocional. Ya que estás atorado creyendo que tú eres responsable del bienestar emocional de otra persona, esto pone una pesada carga en tus hombros y se puede manifestar en tener un «dolor de cabeza» y un montón de estrés.

Las personas que viven sus vidas por «El Efecto» generalmente viven sus vidas como víctimas; ni siquiera ven que tienen opciones. En realidad, SÍ tienen opciones y han tomado la decisión de no elegir, sino reaccionar a lo que se presente en el camino por el cual viajan.

No soy perfecto

Me han preguntando si siempre hago todo perfecto al 100%. Para ser sincero, no. Nadie lo hace. Pero desde que aprendí la Programación Neuro-Lingüística, la gran mayoría de mi vida ha estado enfocada adecuadamente. A través de esta tecnología y mi habilidad de hacerla de uso fácil para todos, he aprendido a identificar rápidamente las veces que estoy viviendo por El Efecto en vez de La Causa.

Me doy cuenta que siempre tuve opciones, y que siempre tomé decisiones, pero a veces fueron malas decisiones. Todos lo hacemos. Pero a través del uso de técnicas de PNL tengo mi caja de herramientas mental para reenfocarme inmediatamente de regreso al camino correcto.

Al mismo tiempo, tengo la oportunidad de ver otros caminos para mejorar la calidad de mis opciones y evaluar otras sendas para alcanzar mis metas.

En la decisión de tomar tus propias decisiones o cambiar la dirección de tu vida, hay unas presuposiciones que saltan a la mente, y que recuerdan y utilizan todos los practicantes de PNL:

«No hay fracaso – sólo retroalimentación»

Sin importar el camino que tomes, no llegas a un punto de fracaso, sólo queda lo obvio, que es un sentimiento de darte cuenta de lo que ha ocurrido. La terminología común para esta conciencia es la *retroalimentación.*

Una de las cosas vitales que hacemos en los entrenamientos en vivo de PNL es enfatizar la importancia de vivir tu vida como La Causa. Hay una fórmula para la felicidad, que se demuestra con la ilustración siguiente:

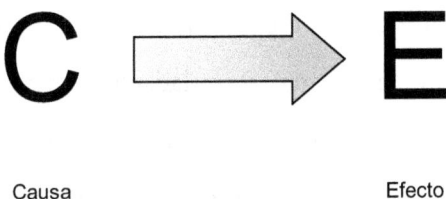

Causa   Efecto

En cada situación de la vida, en la ecuación tú estás en el lado de La Causa o de El Efecto; no puedes estar en ambos. O sabes que TÚ eres La Causa por absolutamente todo lo que sucede en tu vida, o estás viviendo por El Efecto.

Tal vez lo podamos decir de otra manera: «Acepta Responsabilidad Total» por quién eres y dónde estás en tu vida en este momento.

Una analogía para esto viene de la frase «¿Quién está manejando tu autobús?» del co-desarrollador/creador de PNL Richard Bandler. Si te imaginas tu vida como un viaje en autobús, ¿estás siendo llevado por ahí a quién sabe dónde y quién sabe por quién? O, ¿eres el conductor del autobús, estás en control del volante y dirección, y determinando la velocidad en la que quieres viajar? Puedes manejar con pie ligero o podrías tener el pie de plomo. ¡Prepárate!

¿Qué tan poderoso es ser La Causa? El otro día tenía una clienta en mi consultorio. Ella vivía su vida totalmente por El Efecto. Tenía la vida perfecta en un suburbio de Chicago; una carrera, una familia perfecta, un esposo trabajador y amoroso, un hogar cálido y su vida misma era genial. Entonces, su esposo fue transferido a California, y toda su familia fue desarraigada y trasladada al oeste de Estados Unidos. Dentro de poco, su esposo fue transferido de nuevo, esta vez a Nevada. Se fue solo; sus hijas se fueron a la Universidad. Entonces ella se encontraba sola. Tenía un nido vacío y un esposo que no estaba presente físicamente. Al estarla escuchando, pude detectar un lenguaje de «víctima» (él me hizo mudarme; yo no tuve opción; mis hijas se fueron a la universidad) que me daba a entender que estaba viviendo su vida por El Efecto.

Mientras le explicaba la fórmula simple de Causa y Efecto para la felicidad en su vida, un cambio empezó a suceder dentro de ella. Pude ver las señales del cambio y, al final de su sesión, ella estaba lista para vivir una vida más poderosa como La Causa.

¿Entonces cuál de los dos lados es más poderoso para ti? ¿El lado de La Causa o el lado de El Efecto? ¿Cuál es más satisfactorio para ti? ¿Encuentras más fácil que te digan cómo vivir tu vida, o quieres tomar de nuevo el control? Si analizas lo suficientemente de cerca, te darás cuenta que un efecto secundario del «Efecto» es una vida llena de insatisfacción.

Imagina que tienes 93 años de edad. Mírate a ti mismo hablando con un pariente joven; le estás diciendo de las cosas que te arrepientes. Le dices acerca de todas las cosas que quisiste hacer en la vida, pero que tuviste un montón de razones para no hacerlas. ¿Cómo te hace sentir esto? Si hubieras vivido la vida sin excusas o arrepentimientos, ¿cuánta más satisfacción hubieras podido tener?

Mucha gente en la sociedad moderna está perfectamente contenta de dar el mando de sus vidas a otras personas o circunstancias. Su vida se vuelve algo «que simplemente le pasó». Han elegido el lado de El Efecto en la vida. Pasan sus vidas quejándose acerca de sus circunstancias y culpando a los demás por ponerlos ahí. No aceptan ninguna responsabilidad en lo absoluto por sus actos y por lo que son en sus vidas. Son las víctimas de las circunstancias y declaran que nunca nadie les dio oportunidad alguna de salir adelante.

Cada día somos bombardeados con mensajes que nos animan a vivir la vida por El Efecto. Seguro has visto anuncios espectaculares, anuncios en el transporte público o incluso en la televisión que empiezan diciendo: «¿Eres una víctima? ¿Alguien te ha lastimado? Necesitas que te atiendan y que los demás paguen tus deudas. No es tu culpa haber sido lastimado. Llama hoy al bufete de abogados de Fulano de Tal.»

El mensaje es que si eres lesionado o algo te pasó en la vida, obviamente es la culpa de alguien más y esa persona es la que tiene que pagar. Esta es la razón por la cual las visitas al médico cuestan tanto y los costos de la atención médica están por las nubes: los seguros contra negligencia médica. El mensaje del día es que si un doctor no puede curarte, tienes derecho a demandarlo por mala práctica. Los doctores se atemorizan y cada paciente se convierte en un potencial demandador. Todo mundo se vuelve una víctima y vive la vida como El Efecto.

El famoso jugador de beisbol Yogi Berra dijo una vez: «Nunca me culpo a mí mismo cuando bateo mal. Sólo culpo al bate y, si continúa, cambio de bate. Después de todo, si sé que no tengo la culpa de no estar bateando bien, ¿cómo podría enojarme conmigo mismo?

En el caso de Yogi, como en el de mucha gente, el problema no es el bate. Mucha gente culpa a sus propios *bates* por los problemas que están teniendo —el bate bien puede ser su jefe, su cónyuge, sus padres, el oficial de los parquímetros y un largo etcétera.

¿Conoces personas así? Dicen que podrían ser exitosos o ricos, o tener lo que tienen otras personas si tan sólo su *bate* funcionara adecuadamente. Nunca es su culpa —es culpa del bate.

Como lo hice con la clienta que mencioné anteriormente, una de las cosas que hago es ayudar a la gente a darse cuenta —por medio de su lenguaje— que está viviendo su vida como La Causa o por El Efecto. Una vez que pueden descubrir esto por ellos mismos, comienza a ocurrir un cambio real y profundo. La respuesta y el poder para cambiar están dentro de todos y cada uno de nosotros. Es sorprendente que olvidamos que tenemos este poder o simplemente renunciamos a nuestro poder.

Estamos viviendo tiempos bastante difíciles, y puede ser que escuches que mucha gente dice que no está vendiendo lo suficiente, y que es debido a la economía. Entonces, ¿cómo es que algunas personas continúan siendo exitosas incluso durante los bajones en la economía? ¿Es sólo suerte o es porque viven sus vidas como La Causa?

Considera a un hombre que tiene problemas matrimoniales, y dice que su mal humor es culpa de su esposa. Podría alegar que si tan solo ella actuara de cierta manera, tal vez podría mantenerse controlado. Si tan solo ella hiciera las cosas del modo correcto y no discutiera con él, podría contener su temperamento. Puede ser que ella simplemente «lo ve mal» y eso causa que pierda los estribos. ¿Está el hombre viviendo como La Causa o por El Efecto?

He conocido algunos maestros de escuela que sitúan los problemas que tienen en el salón de clases en los niños. Se quejan de que las bajas calificaciones en las pruebas de sus materias son porque pusieron a todos los niños malos en sus clases. ¿Qué pasa con las demás clases que toman los niños? ¿Por qué sí están triunfando allá? ¿Son realmente los niños lo que están en el centro del problema? ¿Cuándo entregó el maestro el control a los niños? Estos maestros se quejan de que los niños nunca escuchan, y que esto es la razón por la cual no están triunfando en su clase en particular.

El juego de la culpa es la fuerza vital de una persona que vive su vida por El Efecto. Esa es la respuesta a todos sus fracasos, y es su manera de explicar por qué no han alcanzado sus metas y por qué no están haciendo lo que realmente quieren hacer. Son muy pobres, no tienen estudios, tuvieron una mala infancia, viven en el sector malo de la ciudad, atraen perdedores... las excusas son infinitas.

El otro día platicaba sobre este tema con mi amigo don Miguel Ruiz, autor de *Los Cuatro Acuerdos*, y decía que todos somos expertos... somos expertos en lo que hacemos repetidamente. Por eso, hay abogados expertos, mecánicos expertos, estudiantes expertos, etcétera; pero también hay expertos en quejarse, expertos en estar tristes sin razón aparente, expertos peleoneros y hasta expertos en encontrar excusas... expertos en vivir su vida por El Efecto.

Una vez que una persona determina que está viviendo su vida por El Efecto, la PNL puede ayudarle a moverse al lado de La Causa en la ecuación de la vida. Verás que una vez que te muevas a este lado poderoso, tomarás el asiento del conductor y nada se interpondrá en tu camino. Estarás recreando tu existencia completa. La PNL es el vehículo, pero tú permaneces como conductor. Yo te puedo ayudar a encontrar el asiento del conductor y quedarte ahí. Siempre y cuando una persona continúe viviendo su vida por El Efecto, nunca podrá manejar su vida. Alguien más siempre está conduciendo y permanecerá como pasajero, atrás.

ESTA ES LA MEJOR MANERA DE VIVIR TU VIDA,

Y AHORA ESTÁS EN EL CAMINO CORRECTO.

¿Quién eres?

Aquí es donde empezamos a ver la visión que necesitarás tener a fin de comenzar a crear la obra maestra de tu vida. Pronto adentraremos al concepto de crear la vida que deseas, por diseño, y cómo crear la vida ideal. Pero antes de que logres esto necesitas saber dónde estás ahora mismo.

A fin de desplazarte del punto A al punto B, necesitas conocer el punto de partida (A) y dónde se encuentra. Si vamos a volar de Los Ángeles a París en avión privado, lo primero que necesitaríamos hacer sería un plan de vuelo —comenzando desde el lugar de partida, de modo que sepamos con precisión cuál es la ruta más eficiente para llegar a la Ciudad de las Luces.

Reflejando este concepto en ti mismo y a dónde quieres ir con tu vida, primero necesitas saber quién eres. Así que, ¿quién eres?

Ahora vamos a hacer el Ejercicio # 1 y esto es lo que necesitarás:

1. Toma unas cuantas hojas de papel.

Esto tiene que ver con quien eres en este momento de tu vida.

2. Toma lápiz y papel, y escribe una descripción de ti mismo en todas las áreas de tu vida que se te ocurran. No hagas un bosquejo ni escribas complejas páginas editadas; no estás tratando de escribir una autobiografía. No estás tratando de impresionar a nadie con lo que estás escribiendo. Sólo se sincero contigo mismo y escribe sobre el papel dónde estás, ahora mismo: tu presente realidad.

3. Escribe acerca de tu vida presente y de tu propio panorama actual de tu vida.

4. Asegúrate de tener al menos una hoja de papel para cubrir cada una de las áreas siguientes de tu vida:

Tiempo

Dinero

Fracaso

Éxito

Miedo

Seguridad/Autoestima

Poder personal

Ya que ésta será escritura asociativa libre, ni se te ocurra corregir nada... sólo deja que tus pensamientos fluyan libremente acerca de ese tema en particular y tú. Debes seguir escribiendo cuando menos por 10 minutos, y todo el tiempo que quieras. Bien, ahora comienza a escribir acerca de ti y el Tiempo, y sigue escribiendo por lo menos 10 minutos. Adelante. ¡Hazlo ahora!

Después, sigue escribiendo acerca del Dinero, Fracaso, Éxito, Miedo, Seguridad/Autoestima, Poder personal. Vierte tus pensamientos sobre las páginas con cada uno de los temas específicos en diferentes hojas de papel. Cuando hayas escrito estos temas, considera lo que nos faltó; quizás la salud, ejercicio físico, meditación, y sigue haciendo exactamente la misma tarea de escritura.

Ahora que has terminado, tienes una mayor comprensión de ti mismo que la que nunca has tenido. Sabes quién eres y dónde estás ahora mismo en tu vida, en este preciso momento.

Comencemos a emprender el camino de diseñar creativamente la vida que quieres realmente, y a fin de hacer esto necesitamos entender el concepto de un mapa. Esta puede ser una de las cosas nuevas que aprenderás en nuestro gran trayecto que viajaremos juntos. No puedes llegar a donde quieres si no tienes un mapa para llegar ahí.

Pero antes de comenzar a crear ese gran mapa hacia tu futuro ideal, necesitarás entender unas cuantas cosas acerca de cómo funciona nuestra mente. En el campo de la Programación Neurolingüística siempre nos referimos a la mente usando el lenguaje mismo para comunicarnos con ésta. Esto es distinto al campo de la hipnosis —al estilo de Milton Erickson y muchos otros— donde se trabaja para programar los efectos deseados en la mente subconsciente para que sean el catalizador de sorprendentes y poderosos cambios. La PNL funciona de manera similar, pero diferente, en un nivel diferente y con un lenguaje diferente.

Para hacer este concepto más fácil, vamos a simplificarlo aún más, para que, ya sea que conozcas sobre la PNL, hipnosis, meditación o cualquier otro método, esto te guiará para alcanzar el éxito que deseas. Harás esto aprendiendo unas cuantas cosas acerca de cómo funciona tu propia mente. Estos conceptos pueden ser completamente nuevos para ti.

Al entender lo que estás aprendiendo, conocerás algunas verdades simples; ten cuidado de no menospreciar estas cosas por su simplicidad. El asombroso poder de estos principios y verdades yace en su simplicidad y efectividad.

TU CEREBRO ES UNA MÁQUINA DE APRENDIZAJE DE LA CUNA A LA TUMBA

✦ ✦ ✦

EL ENTENDIMIENTO CONSUMADO DE LA MENTE conlleva a saber que tu cerebro es como una máquina computarizada, de aprendizaje automatizado, que siempre, siempre, siempre está aprendiendo, absorbiendo información, procesándola, almacenándola, desde el momento en que naces (o quizás antes) hasta el momento que mueres (o quizás más allá).

Todo lo que has experimentado es procesado por tu cerebro a través de, cuando menos, uno de los cinco sentidos. Esos cinco sentidos (vista, oído, olfato, gusto y tacto) crean tu ventana al mundo.

Cada vez que experimentas cualquier cosa, estás almacenando para siempre en tu mente inconsciente (subconsciente) esas imágenes, sonidos, olores, sabores, sensaciones táctiles y sentimientos relacionados con esa experiencia. Pero eso no es todo. Hay un componente más que considerar en tu experiencia de vida, relacionado con lo que te dices a ti mismo, tú diálogo interno, lo que piensas acerca de esas imágenes, sonidos, olores, sabores y sensaciones. Lo que piensas y sientes *acerca* de esas experiencias y lo que significan para ti, ¡afectan tu vida! Todos estos juicios se basan en tu experiencia previa, y en tu interpretación de esa experiencia.

En efecto, estoy describiendo una máquina que toma los datos, los analiza y los procesa, y modifica su propia reacción programada a ellos. Eres una máquina de aprendizaje, y tu Cerebro es la Unidad Central de Procesamiento para esa información. Gracias a este sorprendente sistema de aprendizaje que está ocurriendo, siempre estás aprendiendo, evaluando, reacomodando y reinterpretando lo que ocurre en tu vida, basado en tus experiencias previas.

Si te remontas a los sucesos en tu vida y descubres que parte de ésta —o una parte significativa de ésta— contiene eventos que no estás completamente feliz de recordar, esas experiencias o eventos podrían ser catalogados como un modo de «demostrar» que *la vida apesta* o algo más específico como *odio a los hombres*, por ejemplo.

PNL llama a este diálogo interno el canal auditivo-digital.

Hay seis caminos o avenidas —los 5 sentidos y nuestros pensamientos (o diálogo interno)— por las cuales se almacena la información en tu inconsciente para cada experiencia o evento de tu vida. El diálogo interno es vital para ayudar a crear la vida que quieres porque esta interrelacionada con los otros cinco caminos. Esta es la prueba viviente de que no importa tanto lo que ocurre en tu vida, sino tu interpretación de las memorias de aquellos acontecimientos, lo que crea recuerdos profundamente arraigados de la experiencia y de tus subsecuentes reacciones en la vida, basadas en esa memoria.

DIÁLOGO INTERNO POSITIVO Y NEGATIVO

El diálogo interno puede ser bueno y positivo, pero desgraciadamente es mayormente negativo, irracional y autodestructivo. Por esto es de suma importancia que controles tu diálogo interno y nutras a tu subconsciente de diversas maneras con el diálogo interno más positivo.

Veámoslo de esta manera. Marci Shimoff, escritora del exitoso libro *Happy for No Reason* [*Feliz porque sí*], calculó que, en promedio, los seres humanos generan unos ochenta mil pensamientos al día, y alrededor del 85% de éstos son negativos. En una reciente presentación que dio Marci, mencionó que los niños escuchan la palabra *no* miles de veces con más frecuencia que la palabra *sí*. Quizás escuchaste la palabra *no* o «nunca hagas esto o aquello» muchas veces, y no suficientes «sí, puedes hacerlo, ¡lo hiciste genial!»

Ese tipo de información de nuestros padres generalmente causa autorrestricción. O si el ambiente de desarrollo en la niñez temprana fue un completo y total desastre, podría crear una personalidad autodestructiva. No importa quién seas o dónde has estado, las técnicas que aprenderás aquí tendrán un efecto positivo y proactivo en tu vida, que te brindará, cuando menos, felicidad y éxito adicionales. Y, como dicen: ¡El cielo es el límite!

Si eres una persona tranquila, o si sientes que tu mente está totalmente fuera de control, te beneficiarás. Pero déjame aclararte que, ya que no todos tus pensamientos y sentimientos no son del todo positivos —e incluso algunos sentimientos son auto-condenatorios o auto-destructivos—, debes desyerbar ese jardín de pensamientos y quitar primero los que lastiman más.

Esos pensamientos negativos vienen de una fuente. Quiero aprovechar la ocasión para presentarte la fuente de todo ese diálogo interno negativo. Cuando estoy hablando con niños lo llamo Don Hablador. Don Hablador sólo habla de tus experiencias negativas pasadas porque se siente cómodo en esa zona. Y si tratas de tener un triunfo, Don Hablador seguramente tratará de sacarte del camino diciendo: «¿Por qué esforzarte? Nunca vas a ganar; recuerda que tu hermano mayor te dijo que eres *un perdedor*; recuerda la vez que...» Y al final de tu *intento* de tener un logro, Don Hablador te convence de que te des por vencido.

A veces Don Hablador te dice que no eres buena persona, o incluso te insulta. Muy bien, ya no eres un niño. Saca a Don Hablador de tu vida con una patada, YA.

Hace mucho tiempo escuché una buena perspectiva de este problema: «Si tu mejor amigo te hablara como tú le permites a Don Hablador hablarte (dentro de tu cabeza) ¿acaso no le caerías a golpes?»

Entonces, por qué toleras que tus propios pensamientos —o Don Hablador— te hablen de esa horrible manera; y, para poner el dedo en la llaga, ¿por qué continúas hablándote así?

Si te das cuenta de esto, aprenderás mucho con este concepto simple:

Los pensamientos se vuelven palabras.

Las palabras se vuelven acciones.

Las acciones se vuelven hábitos.

Los hábitos se vuelven tu carácter.

Tu carácter se vuelve tu destino.

Lección: tanto como puedas, elige bien tus pensamientos. Y, en realidad, TÚ eres la persona que tiene que desyerbar el jardín de los pensamientos, a pesar de que a veces no sepas si lo has desyerbado bien. Bueno, si eres un buen granjero, tendrás flores enormes fenomenales, vegetales y frutas creciendo, sin ninguna de las tonterías de la vida.

Te has deshecho de todas las yerbas, y ahora las semillas que has sembrado han florecido en un campo de colores, en deliciosas frutas, vegetales y granos que brindan salud y te hacen volver a la vida. Esto te da suficiente motivación para ser un buen granjero de pensamientos, ¿verdad?

FILTROS MENTALES: SUPRESIONES, DISTORSIONES, GENERALIZACIONES, MAPAS DEL MUNDO

✦ ✦ ✦

¡Piensa en toda la belleza que aún hay dentro y alrededor de ti y sé feliz!

Anne Frank

LA INFORMACIÓN VIENE A NOSOTROS a razón de dos millones de bits por segundo, a través de nuestros sentidos. Nuestra mente sólo puede procesar una mínima porción de esta información, de modo que hay filtros para ayudar al proceso. Parte de la información que nuestra mente no considera necesaria, es borrada; nuestra mente distorsiona alguna de la información que no encaja con nuestras expectativas y programación interna; por último, generaliza cosas para que sean más fáciles de digerir y procesar.

Cada uno de nosotros es único, ya que vemos y experimentamos al mundo a través de una combinación única de filtros. También somos únicos porque nuestra mente interpreta la información que proviene de nuestros sentidos. Dos personas pueden ver la misma escena al mismo tiempo y tener dos experiencias completamente diferentes. En PNL, esto se conoce como *mapas del mundo*. Por ejemplo, dos personas pueden ver una película acerca de perros. Una persona puede llorar porque le recuerda a un perro que tenía cuando era un niño pequeño y lo extraña. La otra persona puede odiar la película porque cuando era pequeño un Rottweiler lo atacó. Es a través de las experiencias de la vida que cada uno de nosotros hemos desarrollado *filtros mentales* o «Meta Programas».

Estos Meta Programas afectan los procesos de pensamiento de una persona y la capacidad de tomar decisiones. No reflejan los tipos de personalidad; más bien tienen que ver con cómo tus filtros mentales subconscientes filtran la información y cómo es que eso afecta tu comportamiento y tus reacciones. A menudo, estos filtros dictan cómo conduces tu vida. Los Meta Programas son una de las razones por las cuales vivimos como La Causa o por El Efecto. Los Meta Programas dictan si buscamos resultados o razones.

Hay diferentes filtros que son activados según la situación y los datos sensoriales que se presentan. Puedes notar que se activan estos filtros al escuchar tu propio diálogo interno. Cuando piensas de cierta manera, expresas tus sentimientos o actúas de acuerdo a comportamientos repetitivos, esto se debe a los Meta Programas.

He aquí algunos Meta Programas que considerar:

Opciones y Procedimientos: ¿Tomas tus decisiones basado en opiniones o procedimientos? Si no estás seguro, aquí hay un ejemplo:

Supón que te pregunto: «¿Cómo decides qué vestir para un evento del trabajo?»

Si operas bajo un filtro de Procedimientos dirías: «Le pregunté al jefe qué me debía poner. Me fijé cómo iban vestidos los demás y vi en el *Manual para los empleados* cuál es el código de vestimenta.» En esta situación, estabas buscando el procedimiento adecuado para tomar tu decisión. Recuerda, esto no es un tipo de personalidad, sino un programa que ha sido establecido en tu mente para que tomes decisiones. Un filtro de Procedimientos a menudo tiene una naturaleza cronológica; podrías decirte: «Primero hago esto, luego aquello…seguido de hacer algo más.»

Si operas bajo el filtro de las Opciones podrías decir:

«Realmente quiero comprar este traje para la ocasión; me encantan los colores café que he visto que lleva la gente esta temporada. No estoy seguro si café sea el color correcto para una función nocturna. Quiero un traje específico de la tienda; tal vez esté en oferta.»

Este filtro es lo contrario al filtro de Procedimientos. No tiene ningún orden y, de hecho, la gente con este tipo de filtros evita los procedimientos. No hay ningún juicio acerca si uno u otro filtro está bien o mal; simplemente es importante reconocer el tipo de filtros con los cuales operas. Al trabajar con la PNL, puedo sacar a la luz estos filtros y ayudar a la persona a decidir si están funcionando en su vida o no. ¿Será que estos filtros lo empujan a vivir como La Causa o por El Efecto?

Otro tipo de filtro son las «Normas». Algunas personas buscan normas dentro de sí mismos, mientras otros buscan las respuestas externamente. La gente con un filtro de Normas internas descubre las cosas por sí mismos. No son influenciados por consejos u opiniones externas. Deben descubrir las cosas por ellos mismos y experimentarlas de primera mano. No es suficiente que lean o escuchen acerca de algo. De hecho, su filtro los hará rechazar las opiniones o instrucciones externas.

Por otro lado, la gente con filtros externos busca lo que dicen o hacen los demás. No confían en sus propios instintos y constantemente dudan de sus propias ideas y pensamientos.

Esta gente tiende a buscar que otras personas les digan qué hacer. Estas personas tienden a vivir más en el lado de El Efecto que el de La Causa.

Si no estás seguro del tipo de filtro que puedes estar usando, considera la pregunta siguiente:

«¿Cómo sabes si hiciste algo bien en tu trabajo?»

La gente con un filtro externo diría: «Me dijeron que hice un buen trabajo. Los resultados fueron lo que los demás esperaban. Les pregunté a mis compañeros y a mi jefe qué les pareció. Obtuve un aumento de sueldo o no. Si no conseguí el aumento, no hice un buen trabajo.»

Como quizás notaste, todas las razones fueron externas. Están buscando razones para apoyar la situación. Estos datos vienen de fuentes externas. Consideremos ahora una persona con un filtro interno:

«Yo simplemente sé que hice un buen trabajo. Establecí metas para mí mismo y las conseguí. No importa lo que diga la demás gente, soy un buen trabajador y obtengo resultados.»

Como ves, este tipo de persona está fijando normas internas. No está buscando por fuera la verificación de los demás. Se fija metas internas y las consigue. No necesita que alguien le diga que hizo un buen trabajo, e incluso si alguien le dice que hizo un mal trabajo, una persona con filtros de Normas internas decide por sí misma si lo hizo o no.

Estos filtros no están en blanco y negro. No son ni buenos ni malos. En algunas ocasiones, se prefiere uno en vez del otro; más bien, lo importante es el resultado de la toma de decisiones. Estos filtros comprenden una escala, y la mayoría de nosotros nos encontramos en algún punto de esta escala. Cada situación puede provocar una ligera diferencia en el Meta Programa; sin embargo, tendemos más hacia un tipo (p. ej., más interno que externo) que otro. Trabajar con procesos de PNL puede crear filtros nuevos y Meta Programas que son más propensos a traer éxito en la vida. A medida que cambiamos de Efecto a Causa, se van creando nuevos programas mientras otros se borran.

A veces estos Meta Programas pueden conllevar a supresiones, distorsiones y errores mentales. Los Meta Programas se vuelven nuestros mapas del mundo. Son como nos vemos a nosotros mismos y como capitaneamos nuestras vidas. Estos programas existen en nuestro inconsciente, aunque nuestros pensamientos son filtrados a través de ellos. A veces información importante queda atrapada en estos filtros y, por lo tanto, no se considera. Pueden distorsionar nuestra visión del mundo y pueden llevarnos a una perspectiva negativa de nuestra realidad y de nuestras vidas.

Consideremos algunos de estos Meta Programas que pueden causar distorsión. Al entenderlos e identificarlos, puedes usar la PNL para re-programarlos. He aquí algunos patrones de pensamiento defectuosos que puedes identificar y modificar con la intención de cambiar tu vida. No te sientas culpable, ni tengas ningún sentimiento negativo al respecto.

Sólo acepta que existen y luego date cuenta de que puedes hacer cambios definitivos. El poder está dentro de ti. Cada pensamiento defectuoso empieza con un ejemplo.

Pensamiento defectuoso Todo-o-Nada: Susana puso una oferta para conseguir un ascenso en su área de trabajo. Desgraciadamente contrataron para el puesto a alguien más, quien había estado con la compañía mucho más tiempo y tenía más experiencia especializada. Susana se sintió triste y pensó que nunca iba a conseguir un ascenso. Sintió que su carrera era un fracaso total. Este tipo de pensamiento defectuoso usa palabras como *nunca, para siempre* y *siempre*. Cada situación pareciera ser absoluta. No se piensa en escala de grises —siempre es blanco o negro. No hay excepciones, y las situaciones se filtran a través de *siempre* y *nunca*.

Una de las maneras para manejar este tipo de pensamiento defectuoso es eliminar de tu vocabulario los *siempre, nunca* y *para siempre*. Un Coach de PNL puede ayudarte con esto. Con un nuevo tipo de diálogo interno puedes eliminar este error. Este tipo de pensamiento defectuoso puede llevar a la persona al lado de El Efecto de la vida. Todo se vuelve absoluto y, por lo tanto, el papel de víctima es para siempre. Aquí está un ejemplo de cómo se puede cambiar el diálogo interno en esta situación, y cómo Susana podría haberse sobrepuesto a no haber obtenido ese ascenso:

«Realmente quería ese ascenso, pero alguien con más experiencia lo consiguió. Eso no significa que yo sea un fracaso; sólo significa que ellos eligieron a la mejor persona para el puesto, en este momento. Yo sigo siendo hábil en lo que hago y trabajaré para mejorar mis habilidades; buscaré más oportunidades para obtener más experiencia, de modo que la próxima vez que haya una vacante, estaré lista. Sólo porque tuve un diminuto retraso, no significa que soy un fracaso. Es una oportunidad para mejorar. Soy una gran empleada y continuaré mejorando mis habilidades.»

Sobregeneralización: Karla no interactúa con la gente muy a menudo. Ella tuvo un par de relaciones malas y ahora, cuando sus amigos la invitan a cenar, se rehúsa. No ve que tenga caso ir, pues piensa que no le cae bien a los demás. No tiene sentido intentar porque la gente sólo la usará y lastimará.

Cuando se comete un error de sobregeneralización, la gente toma uno o dos incidentes aislados para hacerlos una regla en su vida. Si una persona fue mala, entonces todos son malos. Si no aprobaron un examen, entonces fracasará en todos los exámenes. ¿Es cierto que *todos* quieren lastimar a Karla? ¿*Toda* la gente es mala? Karla tiene amigos que la invitan a salir para pasarla bien, ¿le están pidiendo salir sólo para ser malos con ella? Obviamente les importa Karla, pero ella actúa de acuerdo a incidentes aislados, y llega a la conclusión —a través de una sobregeneralización— de que todos le harán lo mismo.

Es natural sobregeneralizar, en ocasiones, especialmente si tienes una inversión emocional en algo. Cuando sientas que tal vez estás sobregeneralizando, recuerda que aunque los grupos de personas tienen cosas en común, se componen de individuos que son únicos. Nadie es exactamente igual que los demás. Aunque te encuentres a gente mala y desagradable, no significa que *todos* sean malos y desagradables.

Aunque hayas tenido malas experiencias con una persona o grupo de personas, no permitas que esa experiencia te haga sobregeneralizar acerca de la situación o de la gente involucrada. Una manzana podrida no significa que todas las manzanas estén podridas. No permitas que una manzana podrida estropee todo el barril. Míralo como lo que es realmente: Una experiencia individualizada de aprendizaje.

Te puedes perder oportunidades que te llevarán a la vida que deseas. La PNL es una gran manera de eliminar las sobregeneralizaciones. Un Coach o formador de PNL puede guiarte a confrontar esas declaraciones sobregeneralizadas de *siempre*, *nunca* y *para siempre*. Puede ayudarte a reemplazar este Meta Programa con uno que sea más flexible y que te permita ver incidentes individuales y a las personas como son realmente, sin estropear tu panorama del mundo.

El pensamiento defectuoso de Suprimir: Jaime está teniendo un día particularmente horrible. Mientras maneja a casa, alguien casi lo saca del camino. El diálogo interno de Jaime consiste de lo groseros que son los demás conductores y que la ciudad donde vive está llena de gente maleducada. Mientras continúa, casi le pega a otro auto cuando lo rebasaron muy de cerca. Esto reforzó la idea de que todos los conductores son gente desagradable a quienes deberían quitarle la licencia. Jaime trata de cambiar de carril y un conductor se detiene y, con un amable gesto y una sonrisa, le cede el paso. Jaime cambia de carril, e ignora la sonrisa y el gesto. Todavía está enojado por las dos veces que casi choca y aún piensa que la ciudad está llena de conductores groseros y peligrosos.

La supresión mental en un proceso en el cual sólo te concentras en los malos pensamientos y te pierdes los buenos cuando estos ocurren. Este tipo de mentalidad de Efecto sólo reconoce los sucesos malos y borra el resto. Esta supresión mental considera sólo los pensamientos y eventos negativos, y pasa por alto los eventos positivos cuando suceden. La gente se ciega a los eventos y gente positiva en su vida.

Buscar las cosas positivas que ocurren y buscar lo bueno de cada situación podría ayudarte a superar este tipo de error mental. Esto puede requerir un poco de práctica y orientación. Aquí es cuando un tutor de PNL es invaluable. Te puede ayudar a reiniciar el programa para buscar las cosas y eventos positivos, para enfocarte en ellos. Jaime podría haber tenido un panorama diferente de la ciudad y sus conductores si hubiera prestado atención a la persona que le saludó y le cedió el paso cortésmente. A veces puede requerir un poco de búsqueda, pero la PNL hace que esta búsqueda sea mucho más fácil.

Descalificar lo positivo: Catalina se compró un vestido nuevo hace poco. Sus amigas le dijeron que se le veía fantástico, pero Catalina dijo que está gorda y que no le queda bien. Ella decía que la ropa nunca le queda bien y que ese vestido era un ejemplo de ello.

La gente que vive la vida por El Efecto es experta en cambiar las cosas positivas en negativas. Juegan bien el papel de víctima, y no permiten que los halagos positivos arruinen esto. A veces esto puede ser debido a tener baja autoestima, pero sigue siendo un filtro y, por lo tanto, se puede reprogramar por medio de técnicas de PNL.

La gente que descalifica lo positivo a veces siente que no merece los halagos, entonces los vuelven negativos o los descuentan. Para cambiar esto, la persona debe aprender a sonreír y decir *gracias*. Esta es una reprogramación de la respuesta automática de volverlo negativo. Cuanto más se practica esto, junto con otras técnicas de PNL, es más fácil quitar este filtro.

Saltar a conclusiones: Samuel tiene una cita para cenar con su novia. Ella se está demorando y él no puede encontrarla por teléfono. Él supone que a ella no le importa, que quizás está con otro hombre o que la relación ha terminado. Su novia simplemente está en un embotellamiento de tránsito debido a un accidente, y la batería de su teléfono celular está agotada. No hay manera de que ella pueda comunicarse con Samuel.

Otra manera de verlo como un pensamiento erróneo es que este filtro siempre nos hace suponer lo peor. Esto también es un asunto de autoestima, de autovaloración y pensamientos erróncos.

Este tipo de filtro puede haber sido creado por unos incidentes aislados; en vez de esperar a oír la explicación verdadera o suponer que la situación es menos negativa, este tipo de filtro nos hace sacar la peor conclusión. Cuando llegó la novia de Samuel y le explicó lo que pasó, ¿valió la pena la lamentación y preocupación? ¡Claro que no! ¿Fue necesario que Samuel pensara lo peor? ¡No! A menudo en estas situaciones, Samuel podría estar enojado cuando llegara su novia y arruinar la tarde por sus falsas aseveraciones, que frecuentemente están basadas en datos poco sólidos.

La manera de manejar este tipo de pensamiento erróneo es pensar positivamente acerca de esa persona y darle el beneficio de la duda. ¿En alguna ocasión te dio motivo para no confiar en ella? Si está saliendo contigo, obviamente le importas. ¿Estás suponiendo cosas por culpa de lo que hizo otra persona? ¿Realmente le estás dando una oportunidad a la persona? La PNL ayuda a reformar este tipo de pensamiento impulsivo acerca de la gente y las situaciones.

Magnificación o minimización: Tomás ha estado preparándose para el gran partido de futbol del fin de semana. Ha estado practicando horas al día por varios meses. Ese día logra el gol del triunfo con un tiro demoledor. Sus compañeros de equipo le dan palmadas en la espalda y lo felicitan por su habilidad. Él asegura que fue sólo suerte y que debería haber jugado mejor todo el partido para que el partido no hubiese estado tan reñido.

Otro ejemplo es que Julieta olvidó checar su tarjeta en el trabajo. Su jefe le recordó que es algo que tiene que hacer todos los días. Él le hizo esta observación de manera tranquila y con una sonrisa. Julieta empezó a llorar y a decir que nunca hacía nada bien y que su jefe tenía todo el derecho de despedirla inmediatamente.

En el primer ejemplo se minimiza la situación. Tomás trabajó duro para conseguir el gol, pero no le pareció la gran cosa; y luego dijo que falló y que en realidad no jugó tan bien como dijeron los demás jugadores. Este filtro mental vuelve todo pequeño e insignificante. Nada es suficiente nunca. Esto no debe confundirse con la humildad, pues este error siempre hace de la persona una víctima, sin importar lo que logre.

El segundo ejemplo está completamente al lado opuesto del espectro. Este error mental hace tormentas en vasos de agua. Todo es descomunal y la catástrofe más grande del mundo. Las cosas pequeñas son agigantadas, e incluso la más pequeña observación es el fin del mundo.

Considera este filtro como un telescopio. Cuando ves a través de un extremo todo es enorme y magnificado; pero si lo volteas, todo se ve diminuto.

La mejor manera de manejar esto es dar un paso atrás de la situación. Ver el bosque a través de los árboles. Al usar la PNL serás capaz de poner las cosas en perspectiva. Serás capaz de aceptar los pequeños errores como experiencias de aprendizaje, y seguir adelante sin volver las cosas descomunales.

Razonamiento emocional: Laura mira la pila de trabajo en su escritorio después de regresar de sus vacaciones. Es tanto trabajo que se siente abrumada. Se siente sin esperanzas de lograr ponerse al día.

Laura ha basado su declaración de la situación en cómo la hace *sentir* y no como es realmente. Se siente mal al pensar en la larga tarea frente a ella. Pero, ¿es realmente una situación sin esperanzas? En realidad, limpiar su escritorio es una tarea que se puede hacer. Sólo que no se siente lista para hacerlo. Ella ha llegado a la conclusión de que es inútil tratar, basada en el hecho de que se siente abrumada.

Una manera de superar este filtro es desglosar una tarea grande en varias tareas pequeñas. Una vez que la has desglosado en partes pequeñas, haz una lista por orden de importancia. A medida que vas terminando las tareas en tu lista, márcalas como realizadas. A medida que vas progresando, los sentimientos de estar agobiada empiezan a desvanecerse. En vez de estar paralizada, cuando haces cosas pequeñas en dirección de tu meta, te ayuda a deshacer este filtro. La PNL puede ayudarte a reprogramar este filtro, de modo que cuando tengas una tarea grande, automáticamente la comienzas a fraccionar.

Usar «Deberías»: Julián está sentado en un restaurante muy ocupado. Ha estado sentado por cinco minutos, y piensa que la mesera ya debería haber tomado su orden de bebidas y habérsela llevado. Después estaba esperando su comida y pensó que ya deberían habérsela llevado. Estos pensamientos hacen la cena no tan disfrutable, debido a los pensamientos recurrentes acerca de lo que debería ocurrir y lo que no.

Las cosas no siempre ocurren del modo en que creemos que deberían ocurrir. Este Meta Programa puede causar problemas en una relación, porque una persona siempre está diciendo lo que la otra persona debería hacer, decir y pensar. Cuando las cosas no ocurren del modo que quiere esta persona, podría causar irritación y ansiedad.

Para superar esto, la PNL permite a la persona soltar cosas y dejarlas ir. Puede aprender que aunque tiene el poder de crear su propia realidad, esto no significa que tiene el poder de controlar cada acción o evento que ocurre en su vida; lo único que puede hacer es controlar como lo maneja.

Etiquetar y etiquetar mal: Una persona sana está recibiendo ayuda de servicios sociales; por lo tanto, es floja y no quiere trabajar.

El Meta Programa de Etiquetar puede ser destructivo, porque limita a la habilidad de una persona para crecer y alcanzar sus metas en la vida. Crear etiquetas a veces nos hace reaccionar hacia los demás de una manera negativa. Si nos etiquetamos a nosotros mismos, entonces nos convertiremos en las etiquetas que declaramos que somos: No eres lo suficientemente bueno; eres flojo; te falta voluntad; etcétera. La PNL puede borrar y reescribir el Meta Programa de Etiquetar. Las etiquetas buenas pueden ser efectivas —fuerte, listo, motivado—, y estos nuevos programas y filtros pueden ser útiles para reentrenar nuestras mentes hacia el éxito.

Proyección: El hijo de Sara se metió en problemas en la escuela y fue suspendido. Sara siente que es su culpa que su hijo tomara malas decisiones, y siente que es mala madre.

La proyección es un Meta Programa que es común en la gente, especialmente en el lado Efecto de la ecuación. Toman responsabilidad por cosas que no son su culpa. Alimenta la mentalidad de víctima, les permite decir que su vida está mal y usan las malas decisiones de otras personas como evidencia de que —de alguna manera— son culpables. Parte del cambio para vivir como La Causa es la responsabilidad personal. No es sólo cuestión de tomar responsabilidad personal en tu vida; también es permitir a los demás tomar responsabilidad de sí mismos. Sara no tiene la culpa por las malas decisiones de su hijo y no necesitaba asumirla. Sara puede ser la mejor madre del mundo y aún así su hijo podría tomar una mala decisión, porque es una persona individual, no un robot.

Una manera de reprogramar este Meta Programa es considerar esto. Supón que el hijo de Sara fue aceptado en el equipo de basquetbol. Trabajó mucho, practicó y tuvo éxito por su cuenta. Sara no se hubiera tomado todo el crédito de eso, entonces por qué se culparía si su hijo no hubiera sido aceptado en el equipo o si tomó una mala decisión que lo llevó a la suspensión.

Cada uno de los Meta Programas y filtros que usamos como mapas del mundo son comunes y, repito, no debes sentirte culpable si reconoces parte de ti en alguno de estos ejemplos. Puedes tener uno o dos de estos filtros activados todo el tiempo. Qué bueno que los reconoces, porque este es el primer paso para reprogramarlos. A veces puede ser difícil superar estos filtros por tu cuenta. Puede que sea necesaria la ayuda de una persona ajena, para desafiar los pensamientos negativos y forjar programas nuevos diseñados específicamente para ti, a fin de tener nuevos Meta Programas y, de ese modo, cambiar tu vida para ser La Causa, y crear un mapa del mundo mucho más brillante y rebosante de posibilidades.

La felicidad no es una cuestión de eventos;
depende de las mareas de la mente.

Alice Meynell

DIRECTRICES PRINCIPALES DE LA MENTE INCONSCIENTE

✦ ✦ ✦

NUESTRA MENTE CONSCIENTE TIENE UN COMPAÑERO MÁS CALLADO —el observador silencioso llamado la *mente inconsciente*. Es la mente inconsciente y su profundo poder interno en lo que se enfoca realmente la PNL, ya que aquí es donde ocurre el cambio. Veamos primero qué es la mente inconsciente.

El inconsciente es la parte de nuestra mente de la cual no estamos conscientes. Por ejemplo, antes de que lo leyeras, no estabas consciente de cómo se siente el libro en tus manos, o la presión del asiento donde estás, bajo tu muslo. El inconsciente existe para efectuar las funciones automáticas de la mente y —aunque no siempre nos damos cuenta de ello— siempre está despierta; siempre está funcionando. Esta es la parte de la mente con la que trabaja la PNL, porque maneja nuestros recuerdos, hábitos e instintos.

La mente inconsciente es responsable de ciertas funciones o directrices principales. Realiza sus deberes sin queja alguna o pensamiento consciente de nuestra parte. Está trabajando constantemente de modo que podamos funcionar normalmente y dar nuestro mejor desempeño. Las sugestiones de PNL que siguen la misma senda de estas directrices principales son más probables de ser recibidas e integradas a nuestro inconsciente. Veamos estas 20 directrices principales y lo que significan para el bienestar de nuestro cuerpo y mente.

Directrices Principales de la Mente Inconsciente:

1. La Mente Inconsciente almacena recuerdos.

Todos tus recuerdos están almacenados en la mente inconsciente. Los almacena de dos maneras principales: temporal y atemporal. Una memoria temporal tiene que ver con la manera en que la memoria está asociada con el tiempo. Estas son escenas de la infancia que puedes recordar como mini-películas mentales. Estos recuerdos transcurren a través del tiempo en tu mente cuando los recuerdas. También tienes un sentir de cuándo ocurrieron estos recuerdos, debido a su relación con otros recuerdos. Sabes fácilmente si un recuerdo fue de la infancia o de cuando tenías 23.

El siguiente tipo de recuerdo es atemporal, lo que significa que no tiene relación con el tiempo. Por ejemplo, puedes recordar la palabra *elefante*. La aprendiste en algún momento y sabes lo que significa, pero no tiene relación con un evento temporal. Cuando la lees, recuerdas lo que significa y puedes decir o escribir la palabra. Esta es una memoria atemporal, que se refiere a una memoria general, que no está fijada en el tiempo. Esto es diferente de la memoria temporal de cuando viste un elefante en el zoológico cuando tenías 10 años, por ejemplo. Ese es un evento temporal.

La mente crea ambos recuerdos, tanto temporales como atemporales, sin ningún esfuerzo en lo absoluto de nuestra mente consciente. De hecho, el inconsciente puede crear recuerdos de sueños.

2. La Mente Inconsciente es el dominio de las emociones.

Los seres humanos somos, mayormente, seres emocionales. Todas las emociones empiezan y son almacenadas en la mente inconsciente. Podemos experimentarlas con nuestra mente inconsciente, pero ¿has tratado de forzarte a ti mismo a estar feliz o triste, o incluso enojado? No puedes decirte a ti mismo: «Ahora voy a estar enojado», y luego experimentar esa emoción, a menos que estés entrenado en actuación o que veas una cantidad enorme de películas o TV.

Podrías pensar en cosas que te hagan enojar, y con esos pensamientos y recuerdos que ya existen en tu mente inconsciente sería más fácil para ti tener acceso a esos sentimientos.

Estas emociones viven y son generadas en el inconsciente cuando se presenta cierto estímulo, la cual evoca un recuerdo del pasado que está almacenado en el inconsciente.

3. El inconsciente organiza todos tus recuerdos.

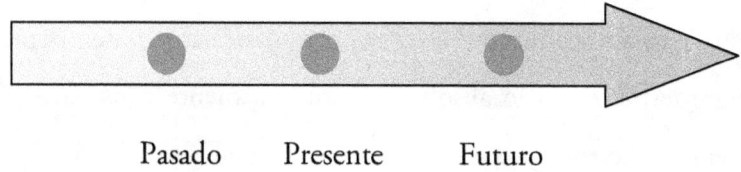

Pasado   Presente   Futuro

Para los recuerdos temporales, es mejor usar una línea de tiempo. Pone los recuerdos en orden, y los organiza usando la mecánica de agrupación Gestalt[1]. Este tipo de recuerdos agrupados crea cadenas de recuerdos significativos por tema, significado o sentimiento. Esto permite evocar los recuerdos de manera más fácil a través de la asociación. Considera el color «azul». Hay pájaros azules, moras azules, el color azul de las paredes de tu cuarto de niño, el azul del cielo; la lista es infinita, pero todos pueden ser agrupados juntos bajo el concepto de *azul*.

Esto es importante en la PNL porque a veces estos emparejamientos y agrupamientos pueden ser un poco menos positivos de lo que nos gustaría; de hecho, pueden ser absolutamente negativos. A veces podemos formar opiniones incorrectas acerca de la gente o de eventos debido a la manera en que nuestra mente asocia cosas y sucesos. Esta agrupación también es responsable de cómo se forman nuestras fobias.

Un mal evento puede afectar nuestra respuesta a otros eventos similares en el futuro. Por ejemplo, quizás te mordió un perro cuando eras niño. Por ello, cada vez que ves un perro te muestras aprehensivo, y tal vez ni siquiera sepas por qué. Por esta agrupación, quizás les tengas miedo a todos los animales peludos, como los perros. Puede que no te guste el pelaje, incluso ni el color del pelaje, debido a esta agrupación. Estas agrupaciones y asociaciones negativas pueden deshacerse fácilmente con la PNL.

4. La Mente Inconsciente reprime recuerdos con emociones negativas sin resolver.

Existe la probabilidad de que algunos eventos hayan sido suprimidos por el inconsciente porque los recuerdos eran muy difíciles de soportar o de manejarlos en ese momento. Los recuerdos pueden ser abrumadores. En la tradición Hawaiana de Huna esto se describe como una «pequeña bolsa negra» que es empujada muy profundo dentro de nosotros.

A veces estos recuerdos simplemente flotan a la superficie mientras vas caminando, cuando surge algún recuerdo como llovido del cielo. En ese instante, tenemos dos opciones:

a. Podemos tratar con la situación o

b. Podemos reprimirla de nuevo.

A veces estas emociones pueden quedar atrapadas en diferentes partes del cuerpo. «Oye, mi jefe es un dolor de cabeza.» O peor aún: «Me mata como peleamos mi esposa y yo». Ambos pensamientos son absolutamente peligrosos y pueden causar que un Meta Programa funcione descontrolado.

Estas emociones atrapadas pueden ser liberadas a través de la manipulación corporal, como el masaje. No es poco común que la gente experimente liberación de emociones y recuerdos cuando se masajean partes del cuerpo.

Los recuerdos surgen y, si hablamos acerca de ellos, el dolor emocional puede ser liberado prontamente, sin mayores efectos para el futuro.

5. La Mente Inconsciente te presenta recuerdos reprimidos para su resolución.

Aunque la mente inconsciente reprime algunos recuerdos, también tiene una directriz principal de presentarlos para darles una posible resolución. Trae estos recuerdos y trata de hacerlos racionales.

Lo hace al soltar lo negativo de esos recuerdos, hasta que el recuerdo deje de molestar. Una vez resuelto o desensibilizado, el recuerdo ya no necesita ser reprimido, y puedes vivir cómodamente con éste en tu mente consciente.

6. La Mente Inconsciente puede continuar reprimiendo emociones como auto protección.

Hay algunos eventos tan traumáticos que la mente los manda muy profundo, y no se puede tener acceso a ellos de las maneras convencionales. La PNL frecuentemente puede liberar estos recuerdos que crean bloqueos en nuestras vidas, incluso si no sabemos que existen. El inconsciente suprime éstos tan profundamente, porque son tan dolorosos que nuestra mente consciente no los puede ver y manejar.

7. La Mente Inconsciente rige al cuerpo.

La Mente Inconsciente tiene dos modelos del cuerpo. Uno es la manera en que el cuerpo está ahora y la otra es el cuerpo en perfecta salud; este modelo está almacenado en la parte más profunda de la mente inconsciente, el cual también se conoce como tu Ser Superior. El inconsciente regula todas las funciones involuntarias como el pulso del corazón, la respiración y la digestión. Estas cosas no están en la esfera de la mente consciente. Puedes pensar que puedes controlar tu respiración pero, de hecho, la respiración consciente es diferente de la respiración automática.

Algunas personas pueden preguntarse si realmente pueden confiar en su mente inconsciente. Pregúntate a ti mismo esto: «¿Quién se encarga de tu respiración mientras duermes? ¿Deja de latir tu corazón?» Tu mente inconsciente controla todas estas funciones cuando duermes y cuando estás despierto.

8. La Mente Inconsciente preserva el cuerpo.

La mente inconsciente está a cargo de mantener la integridad de la condición del cuerpo y mantenerlo activo y en buen estado. A veces el inconsciente olvida esta directiva y puede surgir una enfermedad, o puedes enfermarte o tener dolor con el fin de que tu Inconsciente pueda capturar tu atención. Estos síntomas en realidad son mensajes de que el inconsciente está teniendo dificultad para lograr que tu mente consciente reciba el mensaje y actúe en consecuencia.

Por ejemplo, cuando estás estresado puede ser que empieces a desarrollar dolor en las articulaciones y dolor de espalda. A menudo esto es un mensaje desde tu interior, que dice que necesitas tomar las cosas con calma y cuidarte a ti mismo. Esto lo explica bellamente mi buena amiga Karol K. Truman en su libro *Los Sentimientos Que Se Entierran con Vida, Nunca Mueren*; ella hurga en detalle acerca de dónde viene esta enfermedad y, lo que es más importante, cómo tratar con la situación de un modo fácil y efectivo.

9. La Mente Inconsciente en un ser Altamente Moral.

Este tipo de moralidad no es del tipo impuesto por la religión, la sociedad o las doctrinas. Es la moralidad que te enseñaron y que aceptaste. Estas son las normas e ideales por los que elegiste vivir. Tu mente inconsciente se apoya en esta moral, y actúa de acuerdo a lo que dicta.

Cuando la gente consulta sesiones en privado conmigo de Hipnosis o Programación Neurolingüística, puede que tengan miedo de hacer algo que no quisieran hacer, como revelar «todos sus secretos». Gracias a esta directriz principal, puedes tener la plena seguridad de saber que tu mente inconsciente te protegerá, y no te permitirá hacer algo en contra de tu código moral.

10. La Mente Inconsciente disfruta al servir.

La dificultad es que el inconsciente necesita órdenes claras que seguir. Mucha gente da instrucciones inconsistentes a su mente inconsciente. Un día se dicen a sí mismos que son inteligentes y al siguiente dicen que son tontos. Estas declaraciones son las que sigue la mente inconsciente; estos mensajes confusos sólo confunden a la mente inconsciente y, por lo tanto, su desempeño puede ser caótico. El inconsciente necesita instrucciones constantes, consistentes y claras.

En mis talleres, uso el ejemplo de que nuestra mente inconsciente es como un genio de 5 años de edad. El genio tiene el poder de darte todo lo que quieras y, cuando pides algo, él dice: «Tus deseos son órdenes». Tu mente inconsciente te dará todo lo que le pidas, pero debes decir exactamente qué quieres, claramente y sin vacilación.

11. La Mente Inconsciente controla y mantiene todas las percepciones.

A medida que la información de tu entorno llega a tu cerebro, tu mente inconsciente recibe y filtra esta información. La mente inconsciente recibe y transmite percepciones a la mente consciente. Por lo tanto, si una persona necesita ayuda con sus percepciones (como problemas con el oído o la vista), es mejor trabajar a través de la mente inconsciente. La PNL puede ayudar a mejorar estas percepciones.

12. La Mente Inconsciente genera, almacena, distribuye y transmite «energía».

Tu mente, cuerpo y —especialmente— tu sistema nervioso opera con energía eléctrica. Se transmiten señales desde tus sentidos a través de canales de energía. La vida misma es energía. Esta energía es regulada por la mente inconsciente. Cuando tu cuerpo se siente aletargado y necesitas más energía, tu mente inconsciente puede ayudar a tu cuerpo y mente a tener más energía.

A veces una persona puede estar afligida con enfermedades como el virus Epstein Barr, el cual puede minar la energía del cuerpo. A través de la PNL y comunicación con la mente inconsciente, se puede restaurar fácilmente esta energía.

13. La Mente Inconsciente mantiene instintos y genera hábitos.

Esta es una gran noticia porque, al tener acceso a tu mente inconsciente, puedes programar hábitos nuevos mientras te deshaces de los que no quieres. Es como borrar software viejo y entonces cargar uno más nuevo. La mente inconsciente está lista para ser programada y hacer lo que le digas que haga.

Tus instintos —como la respuesta «pelear o huir»— también residen ahí, así que la PNL puede ayudar con la ansiedad y otras respuestas asociadas con el sistema nervioso autónomo. El sistema nervioso autónomo ayuda al cuerpo a estar listo para entrar en acción. A veces esto es necesario; otras veces no. La PNL puede ayudar a activar el otro sistema, el sistema nervioso parasimpático, para regresar a tu cuerpo y mente a un estado de homeostasis: Calma y equilibrio.

14. La Mente Inconsciente necesita repetición hasta que se instala un hábito.

Esto significa que debes repetir una acción cierta cantidad de veces antes de que se vuelva un hábito.

Una vez que se ha creado el hábito en tu mente inconsciente, estará permanentemente en tu vida, a menos que de alguna manera lo borres o lo reemplaces.

Algo maravilloso acerca de la PNL es que puedes acelerar esta directiva. A través de las técnicas de PNL puedes acelerar las repeticiones y generar un cambio rápido y permanente.

15. La Mente Inconsciente está programada para buscar más continuamente.

Como seres humanos, estamos programados para buscar más. Nunca estamos contentos con lo que tenemos; siempre estamos buscando un poco más. Buscamos ser mejores y es así como evolucionamos, y seguimos evolucionando. Esta directriz puede ayudarte a lograr cosas grandes, pero a veces puede causar problemas.

Este impulso de buscar más emociones es la base de cómo funciona el abuso de sustancias nocivas. La mayoría de la gente que tiene adicción a las drogas empieza con algo pequeño —con lo que se llama «droga de entrada»— y una vez que no surten el efecto que buscan, prueban drogas más fuertes, y el ciclo continúa. Muchos buscadores de emociones son impulsados por el inconsciente a tener mayores riesgos en su vida, y arriesgarse cada vez más cuando el «efecto» de la experiencia pasada ya no es suficiente.

La PNL puede ayudar a tomar esta directriz y apuntarla en la dirección correcta que beneficie a un buscador de emociones.

16. La Mente Inconsciente funciona mejor como una unidad completa integrada.

Esto significa que aunque la mente inconsciente es complicada y está formada por muchas partes, lo más importante es cuando trabaja en conjunto. Las partes individuales no son tan importantes como las partes integradas que trabajan como una unidad. Cuando tus pensamientos, tus emociones, tu salud y tu vida parecen ser caóticas, esto puede ser una señal de que tu mente inconsciente no está trabajando como un todo. La PNL puede hacer que tu inconsciente trabaje eficientemente, como una máquina bien aceitada.

17. La Mente Inconsciente es simbólica.

Aunque nosotros nos comunicamos con palabras, la mente inconsciente se comunica con símbolos e imágenes. El psicólogo Carl Jung exploró los símbolos de la mente y también trabajó con pacientes para interpretar sus sueños. Él pensaba que los sueños son la manera en que la mente inconsciente se comunica con nosotros. Tal vez sintamos que hay símbolos en nuestras horas de vigilia que atraen nuestra atención; es el inconsciente que te manda mensajes. A menudo, estos símbolos no tienen que ser interpretados literalmente; más bien, se deben ver como una metáfora.

Si ves a un león en tu sueño, no significa que te va a comer un enorme felino. Puede representar fuerza, poder, liderazgo, virilidad, etc.

18. Para tu Mente Inconsciente todo es personal. (La base de percepción es proyección.)

Tal vez has escuchado la frase que me decía mi mamá: «*Cuando apuntas a alguien con el dedo, tres dedos te apuntan a ti.*» Todo lo que dices, haces y piensas, tu mente inconsciente lo procesa y lo interpreta como si fuera acerca de ti. Así que cuando estás hablando de alguien más, tu mente inconsciente interpreta que estás hablando acerca de ti mismo. La Buena Noticia y la Mala Noticia es que todo es personal.

Todo lo que dices es sobre ti, entonces es importante que seas impecablemente cuidadoso con lo que dices. No quieres darle a tu inconsciente mensajes incorrectos y empezar a actuar en consecuencia. En el libro *Los Cuatro Acuerdos*, el Dr. Miguel Ruíz habla de ser impecable con las palabras; esta directriz principal de la mente inconsciente es la razón de por la cual este primer acuerdo es tan importante.

Esta es una de las cosas más efectivas que puede hacer la PNL, y la razón de por la cual funciona tan bien es porque las imágenes y símbolos tienen un efecto profundo en ti, y pueden cambiar la información, programación y mensajes que estás recibiendo todos los días en tu vida, y eso puede tener enormes consecuencias en tu vida.

19. La Mente Inconsciente funciona con el principio del menor esfuerzo.

El inconsciente busca el camino con menos resistencia. Esto no significa *flojera*; significa —más o menos— simplicidad en la efectividad. Es un sistema preciso, así que debes ser preciso con tu lenguaje. Supón que te dices a ti mismo que en este mes va a ganar más dinero. Cuando caminas hacia la parada del autobús te encuentras una moneda y la recoges. Tu inconsciente puede interpretar que esta moneda es la respuesta a conseguir dinero extra, y por lo tanto deja de buscar dinero extra.

Por otro lado, si le dices a tu mente inconsciente que vas a ganar $5 000 más en los próximos dos meses, probablemente verás resultados, ya que tu mente inconsciente no parará hasta haber alcanzado esa meta en particular.

20. La Mente Inconsciente no procesa negativas.

Tu mente inconsciente no puede negar algo sin crear primero una imagen. Supón que te digo que no pienses en un marciano morado. Te diría: «No importa lo que hagas, no pienses en un marciano morado. Si piensas en marcianos morados tendrás mala suerte. Entonces, hagas lo que hagas, no pienses en marcianos morados.»

No hay manera de que la mente inconsciente procese esta negativa. En el instante que escuchas *marciano morado*, la imagen viene a tu mente. No puedes deshacer la imagen o *no* pensar en esta orden.

Este principio tiene una aplicación práctica, porque si fuerzas a la mente a no pensar en algo, la mente, de hecho, podría crearlo. Algunos terapistas han usado esta técnica para guiar las mentes inconscientes de sus clientes para lograr lo que desean.

Por ejemplo, podría decir: «Antes de que estés profundamente relajado, quiero hablar contigo acerca de la imaginación, por eso es importante que sólo te relajes un poco y todavía no te relajes totalmente. Si tu cuerpo comienza a estar completamente relajado no oirás la siguiente parte, por eso ni siquiera pienses en relajarte completamente.»

El resultado es que la mente inconsciente —al intentar no crear un estado de relajación— de hecho lo crea.

Es importante que entiendas estas directrices principales, porque así es como opera la mente inconsciente, y es donde funciona la PNL y te conecta con tu mente inconsciente, a fin de realizar cambios positivos en tus pensamientos y tus hábitos y, ultimadamente, para comenzar a transformar tu vida desde adentro.

Esto es parecido a entender la teoría del color, perspectiva positiva y negativa, luces y sombras que usas cuando quieres crear tu obra de arte. Una vez que conoces y entiendes los principios y cómo funcionan en conjunto, tienes el conocimiento y la flexibilidad de crear el deseo de tu corazón.

PRESUPOSICIONES DE LA PNL

✦ ✦ ✦

ANTES DE COMENZAR A CAMBIAR TU VIDA, hay una serie de presuposiciones acerca de la PNL que debes conocer. Estas son un sistema establecido de creencias o suposiciones poderosas que debemos adoptar para entender realmente cuál es el propósito de la PNL. Nos ayudan a filtrar nuestra realidad de una manera poderosa. No estoy diciendo que estas presuposiciones son ciertas siempre y en todos los casos; más bien fijan los parámetros para crear mayor flexibilidad de acción y, al adoptarlas en tu vida, puedes crear los resultados que deseas.

Las presuposiciones de PNL nos ayudan a darnos poderío a nosotros mismos mientras empezamos a reemplazar las creencias negativas que nos mantienen sujetos por otras que nos abrirán a un cambio positivo. Por ejemplo, si crees que no puedes cambiar es probable que no lo harás. Pero si verdaderamente crees que tienes el poder de dejar ir viejas suposiciones acerca tu vida, medio ambiente o condición, entonces es el catalizador más probable para el cambio.

Estas presuposiciones ayudan a estructurar y filtrar todo lo que hacemos en PNL. Cambian nuestra representación interna del mundo. Los Practicantes de PNL saben que no pueden lograr resultados usando las tecnologías de PNL si la persona realmente no cree que eso sea posible. Estas presuposiciones son absolutamente necesarias para lograr éxito con PNL. Cuando se visita a un entrenador PNL, este deberá ver por la implementación de estas creencias y presuposiciones. También son útiles para entender a los demás y llevarse bien con ellos. Es importante recordar que estas presuposiciones no son necesariamente ciertas en todo momento y en cada situación, pero adoptarlas hará que tus resultados como practicante y como cliente sobrepasen tus expectativas. Veamos ahora estas poderosas presuposiciones.

1. La primera presuposición es que el Practicante de PNL debe respetar tu modelo del mundo.

Esto no significa que tenga que estar de acuerdo con tu modelo, pero debe respetar e interactuar con éste. No importa en dónde te encuentras en tu vida y no importa lo que creas en este momento, un Practicante de PNL debe respetar eso, y tratar contigo desde el punto real en el que te encuentras.

En febrero del 2006, recibí una llamada telefónica de un posible cliente. Me preguntó si hacia regresiones para depurar eventos del pasado. Le dije que sí, y procedió a concertar una cita. Cuando el joven llegó a mi oficina, dijo que había tenido un encuentro cercano con un OVNI allá en su país. Empezó a describir la experiencia de cómo había recibido una visión del fin del mundo, que ocurriría el 6 de junio del 2006, ó 6/6/06. Le ayudé a tener acceso a esos recuerdos, sanearlos y él se sintió mejor después de la experiencia.

Ya sea que yo crea o no en los extraterrestres, imagina lo que hubiera pasado si me hubiera burlado de él o de su experiencia de encuentro cercano. Obviamente, yo le hubiera sido inútil como Practicante de PNL. Como Coaches comprensivos de PNL, es imperativo que respetemos el modelo del mundo de la otra persona.

Esto también es vital con respecto a tus interacciones con los demás, a fin de evitar juzgar a los demás y respetarlos tal como son.

2. Los Practicantes de PNL deben trabajar con tu comportamiento y tu cambio en términos de contexto y ecología.

Esto significa que deben ayudarte a refinar tus metas de dos maneras: La primera es el contexto. Supón que te estás sintiendo aletargado en la vida y quieres más energía. ¿Quieres más energía todo el tiempo? ¿Qué tal a media noche? ¿También quieres tener más energía entonces? Debes aprender a evaluar las cosas en su contexto, y refinar estos deseos y creencias para asegurarte de que son lo que estás buscando. Tu mente inconsciente te da exactamente lo que le pides, por eso debes asegurarte de que eres muy preciso en lo que pides.

La segunda parte es que debes estudiar cómo funcionan las consecuencias y cómo éstas repercuten a los que te rodean. Esto es tu ecología —tu entorno—; aquí es donde vives. Esto incluye la familia, los amigos, compañeros, etcétera. ¿Afectan negativamente tus creencias y tus metas a alguna de las personas que comparten tu vida? ¿Son estas creencias y metas saludables para todos los demás que tienen contacto contigo?

3. Los Practicantes de PNL deben aceptar que cualquier resistencia del cliente es un indicio de falta de compenetración.

Si no estás conectado con tu Practicante o Coach de PNL, no habrá mucho avance. Esto no significa que te estás resistiendo al cambio; sólo significa que la comunicación debe ser flexible. Tu éxito depende de la habilidad del Practicante para encontrar las técnicas correctas y el método correcto que funcionará para ti. Por tu parte, es esencial que permitas que funcione el proceso. La comunicación es una calle de dos sentidos: La comunicación abierta y la confianza son esenciales para que funcione la PNL.

4. La gente no es su comportamiento.

Esto es importante para ti y para tu Coach de PNL. Él debe aceptarte por quien eres y trabajar en cambiar tus comportamientos. No necesitas cambiar quién eres como persona, sólo hacer cambios en tu comportamiento. En realidad, descubrirás que eres una persona asombrosa y maravillosa, quien brinda sus dones únicos al mundo.

Esto no necesita cambiar para nada. Las únicas áreas para cambio deben ser cualquier comportamiento negativo, que necesite ser abordado y reemplazado.

Si alguien te pregunta *¿Quién eres?*, podrías contestar: «Soy un doctor... Soy madre... Soy abogado...» Éstos describen comportamientos, no quién eres tú en realidad. El punto esencial es que no eres una etiqueta.

De hecho, las etiquetas pueden ser negativas. Cuando adoptas una etiqueta o le das una etiqueta a otra persona, ésta puede cambiar el mapa del mundo. Sus comportamientos cambiarán para convertirse en lo que le dicte la etiqueta y, si es una etiqueta auto-limitante, restringirá su vida. Por ejemplo, si le dices a alguien que es obeso, hay un montón de cosas que van con esa etiqueta. Si esa persona adopta la etiqueta de *obesidad*, esto lo mantendrá en esa condición, a fin de sostener y verificar lo que significa la etiqueta. Tendrá una enorme dificultad para adelgazar y permanecerá obeso, porque adoptó esa etiqueta.

5. Todos están haciendo lo mejor que pueden con los recursos que tienen disponibles.

Esta es una suposición doble. Una suposición es que tenemos cierta serie de habilidades y recursos que han estado disponibles a nosotros durante la vida. Estos recursos pueden parecer limitados para algunos, pero no podemos desempeñarnos más allá de los recursos con los que contamos.

Con la PNL incrementarás estas habilidades y los recursos se multiplicarán.

La segunda suposición es que, a fin de cuentas, la gente generalmente hace lo mejor que puede en la mayoría de las situaciones. Los seres humanos somos adaptables; nos esforzamos por mejorar, aunque según las normas de algunas personas esto puede parecer no ser suficiente. Un Practicante de PNL debe trabajar contigo desde donde estás, y suponer que estás haciendo tu mejor esfuerzo.

Aquí es donde cabe el *perdón*, cuando hablamos acerca del campo de la PNL porque, si estás haciendo lo mejor que puedes con los recursos que tienes disponibles, existe la suposición de que hay una intención o necesidad positiva detrás de eso. Puede que no sea el mejor modo de hacer las cosas, pero puede ser lo mejor que sabes hacer, en ese momento. No te sientas obligado y date cuenta de que con la PNL aprenderás nuevas habilidades y hábitos, que te guiarán al camino para convertirte en todo lo que puedes ser.

6. Lo más importante es enfocarse en lo que la persona está haciendo, no en lo que está diciendo.

Todos tienen una historia. Podemos *hablar historia* (como dicen en Hawái) todo el día acerca de lo que hemos hecho, en qué hemos fracasado y de lo que queremos hacer. No es importante lo que decimos; lo que importa realmente es lo que hacemos.

Una de las cosas que dice la gente es que «tratará» de hacer algo. Esto no significa que realmente lo vaya a hacer. De hecho, la palabra *tratar* implica que probablemente no habrá éxito, pero que habrá un esfuerzo.

«Trata» de hacer esto. Pon tu mano en la mesa, con la palma hacia arriba. Pon un clip en la palma de tu mano. Ahora trata de levantar tu mano. ¡LO HICISTE! *¡No trataste de levantarla! Lo hiciste.* El lenguaje puede ser muy engañoso, y puede realmente afectar lo que haces y lo que no haces, pero lo más importante es la acción.

«Haz o no hagas – no hay tratar.»

Yoda

7. El mapa no es el territorio.

Las palabras que usamos no son el evento o la cosa que representan. Las palabras no son los eventos mismos; son meramente etiquetas y representaciones de lo que están describiendo. El concepto que hay que tomar aquí es que el mapa no es el lugar que representa.

Considera el lugar donde vives. Un cartógrafo —una persona que dibuja mapas— tal vez pueda hacer mapa excelente de ese lugar. Sin embargo, el mapa es cosa aparte y, aunque es la representación de ese lugar, no es el lugar en sí. Supón que alguien agranda ese mapa para ser del tamaño de una casa, y lo hace con mayor detalle. Puede que sea un mapa perfecto, pero sigue sin ser el lugar mismo.

Ahora imagínate que crearon un mapa reuniendo el mejor equipo de cartógrafos nunca conocidos, que sea del tamaño mismo de tu ciudad, que tuviera todos y cada uno de los detalles; podrías poner el mapa encima de tu ciudad. No importa cuán grande o cuán detallado sea el mapa, nunca ES el territorio que representa.

Recuerdo haber oído la historia de un joven aristócrata en España que fue a ver a Pablo Picasso para encargarle una pintura de su novia. Cuando el joven recogió el retrato —el cual estaba pintado en estilo Cubista— horrorizado dijo: «¿Qué es esto? ¡Esta no es mi novia! Mi novia es bella y agraciada.» Entonces el maestro replicó: «Entonces, ¿cómo luce su novia?» a lo cual el hombre respondió sacando una pequeña fotografía de su cartera, que puso groseramente en las manos del Cubista. Después de una delibrada contemplación del dibujo, Picasso respondió: «Bueno, ella es bastante pequeña y plana.»

Cada persona tiene su propio mapa de cómo es su mundo para ellos y usan las palabras para etiquetar esa realidad. Estas palabras o mapas internos son la manera en que cada persona considera los eventos y personas a su alrededor. Pero este mapa que cada uno tiene no es la realidad. Si dos personas observan el mismo evento, pueden tener dos maneras totalmente diferentes de recordar e interpretar el evento, porque tienen dos mapas diferentes de donde sacar la información. A menudo los Practicantes de PNL tratarán los recuerdos como metáforas, en vez de eventos reales.

8. Todos los procedimientos deben incrementar el todo.

Esto se basa en la directriz principal de que la mente inconsciente trabaja mejor como un todo, en vez de partes fragmentadas. Por lo tanto, todo lo que se hace en la PNL debe promover el todo, no la fragmentación. La fragmentación crea conflictos internos y externos. Puedes encontrar que algunos trabajadores de PNL usan este tipo de fragmentación para tratar de crear resultados, pero yo no. Yo creo que entre menos conflicto haya, es mejor. La gente ya tiene suficientes conflictos en sus vidas, entonces cualquier cosa que los reduzca y fomente al todo es lo óptimo.

9. No hay fracaso, sólo retroalimentación.

Esta es una presuposición sorprendente. No puedes fracasar al usar la PNL. Sólo hay éxito y retroalimentación para el cambio. Cuando algunas personas vienen a mí para una sesión privada, quieren saber exactamente qué es lo que voy a hacer, si es Hipnosis, Integración de Partes, Anclaje, *EFT* o alguna otra técnica. Mi respuesta es: «No lo sé. No sé que funcionará para ti con este problema o situación en particular; pero voy a usar todas mis habilidades y todo mi esmero y todo mi conocimiento para estar seguro de obtener tus resultados». Cuando empieces a trabajar conmigo, te darás cuenta de que primeramente escucharé muy detenidamente las palabras que usas, a fin de tener un entendimiento mayor y profundo de TU mapa del mundo y cuáles consideras que son tus limitaciones.

Nueve de cada diez veces, lo que hacemos primero resolverá el problema; si eso no funciona, no significa que hemos fallado. Sólo significa que descubrimos un proceso que no funciona para ti para ese asunto en particular. Considera al inventor Tomás Edison. Le tomó más de mil intentos para crear finalmente la lámpara incandescente. Cuando le preguntaron qué se sintió fracasar más de 1000 veces, dijo que no fracasó; descubrió 999 maneras diferentes de no hacer una lámpara incandescente.

La retroalimentación es importante para el cambio. Albert Einstein dijo que la definición de la locura es hacer lo mismo una y otra vez, y esperar resultados diferentes. Debes escuchar la retroalimentación, aceptarla y luego cambiar el comportamiento. Así que, si no hay fracaso, siempre y cuando sigas descubriendo, y conserves esa curiosidad saludable, siempre encontrarás el éxito.

10. El significado de la comunicación es la respuesta que obtienes.

En una conversación típica, se podría suponer que cada persona es 50% responsable por el contenido y por entender lo que se está diciendo. Esto significa que dices algo y la otra persona es medio responsable por entender tu punto de vista en tu comunicación. En la PNL, llevamos esto un paso más adelante; una persona es 100% responsable por comunicar el significado de lo que está diciendo a los demás. Esto significa que no puedes suponer nada.

No deberías calibrar el entendimiento de acuerdo a lo bien que piensas que explicaste tu punto de vista a otra persona; más bien, los dos debemos apoyarnos en la respuesta de la otra persona. Si no podemos repetir exactamente lo que queremos comunicar a los demás, necesitamos encontrar una manera de explicarlo mejor. La comunicación es la esencia para resolver los problemas en la vida.

Además, si renuncias al 50% de la responsabilidad por la comunicación en una conversación, no puedes cambiar lo que estás haciendo. No obtendrás la retroalimentación adecuada, ni la usarás para alterar tu percepción y respuesta. Debes ser 100% responsable para asegurarte de que estás comunicando tu mensaje claramente, entonces puedes hacer ajustes. Tienes que tener flexibilidad de comportamiento para asegurarte que puedes hacer los cambios necesarios. Un Practicante de PNL sabe esto y hace ajustes cuando es necesario para estar seguro que entiendes y estás usando correctamente las técnicas que estás aprendiendo. Aquí, no existe lugar para suponer nada.

11. La gente tiene todos los recursos que necesita para triunfar y alcanzar sus metas deseadas.

Esta presuposición afirma que no hay gente sin recursos, sólo estados emocionales no recursivos. Estos estados se pueden cambiar a través de la PNL. Mi papel como Maestro Practicante es ayudarte a conectarte con tus recursos innatos. Esto significa que no hay limitaciones en nuestra habilidad para aprender.

No importa quiénes somos o cuáles son nuestras circunstancias en la vida, todos tenemos estos recursos listos para ser desbloqueados y poder acceder a ellos.

Sin embargo, existen estrategias útiles y estrategias inútiles. Algunas estrategias que estás usando actualmente no conllevan a los resultados que estás buscando. En la PNL serás emparejado con la estrategia que funciona para ti. Esto puede requerir un poco de trabajo, pero hay estrategias que un Coach de PNL puede identificar, que puedes estar usando actualmente y no están funcionando bien ahora.

Como se mencionó anteriormente, las etiquetas pueden crear una barrera para maximizar resultados. Esto crea una toma de decisiones limitada; pero una vez que se liberan estas etiquetas, una persona puede aprender y crecer. La buena noticia es que las creencias funcionan. ¡La mala noticia es que las creencias funcionan!

12. Tú estás a cargo de tu mente y, por lo tanto, de tus resultados.

Si puedes estructurar tu pensamiento en un fluir positivo de pensamientos y metas, alcanzarás el éxito. Tú eres la persona que piensas que eres; eres lo que piensas. Uno de mis mentores dice: «Obtienes tu enfoque, así que enfócate en lo que quieres». Hay un viejo dicho que dice: «En lo que te enfocas, se expande».

La clave aquí es controlar cómo es la representación interna de ti mismo que tienes dentro de ti. Tú tienes control sobre esto.

Anteriormente hablamos acerca de quién ha estado «manejando tu autobús». ¡Tú! Muchos de nosotros permitimos que Don Hablador dicte nuestro estado mental y nuestra representación interna. Esto es porque hemos permitido a nuestras mentes funcionar en piloto automático. Necesitas apagar el piloto automático de tu mente y permitir a tu mente consciente que tome de nuevo el control de tu autobús, porque estás a cargo del pensamiento, y de fijar la dirección y la velocidad. Una manera de hacer esto por medio de la PNL es que si tienes algún pensamiento negativo, entonces necesitas tener pensamientos positivos para suplantarlo. Con el tiempo, la suplantación de pensamientos positivos empezará a ser automática.

En donde haya pensamiento negativo,
que haya contemplación de lo contrario.

Patanjali – *Yoga Sutras*

Ahora que sabes cuales son las presuposiciones de PNL, puedes entender mejor cómo funciona la PNL y las líneas de dirección bajo las cuales estarán trabajando tanto tú como tu Practicante de PNL, para que tengas unas sesiones exitosas.

PERCEPCIÓN ES PROYECCIÓN

✦ ✦ ✦

TU MENTE INCONSCIENTE ES EXPUESTA A TANTA información qué manejar que no puede tratar con toda. En una sección previa aprendiste que tu inconsciente elimina, distorsiona y generaliza información. Una de las maneras de hacer esto es proyectar. Esto es lo que significa la frase «percepción es proyección». Cuando tenemos asuntos sin resolver, tendemos a proyectarlos sobre las personas que nos rodean.

Considera detenidamente a la gente en tu vida ahora mismo y estarás de acuerdo que estás proyectando tus pensamientos y creencias sobre ellos. Podrías decir que muchos de tus amigos y familiares se parecen mucho a ti. Les gustan las mismas cosas que a ti, y comparten ideas contigo. Sin embargo, esta no es la gente sobre la cual te estás proyectando inconscientemente.

Es en la gente que dices que no tienes nada en común con la cual tienes MÁS en común, inconscientemente. Esto se debe a que estás proyectando en los demás las emociones y pensamientos que se te dificulta resolver en ti mismo.

Este concepto es muy importante en la PNL, porque puede ser un factor determinante de cómo te afecta la PNL y cómo empiezas a ver y resolver asuntos importantes de tu vida.

La información que está profundamente bloqueada dentro de nosotros y que no podemos resolver es proyectada en la gente y los eventos, a fin de poder encararla de manera externa. Sin embargo, esta proyección puede afectar cómo tratamos con la gente, y los resultados que vamos a obtener. Nuestro sistema de creencias y filtros necesitan ser fortalecidos y examinados.

Si verdaderamente creemos que algo es verdad entonces lo convertimos en realidad, o lo que se podría considerar «nuestra verdad». Si permitimos que las proyecciones de los problemas gobiernen nuestro proceso de decisiones, estas proyecciones se convertirán en nuestra realidad. Recuerda, el inconsciente creará exactamente lo que le decimos que haga. Siempre está escuchando y aguardando instrucciones.

Como ejemplo, supón que alguien no te cae bien porque piensas que es egoísta. En tu interior, puedes sentir que TÚ eres egoísta y estás viendo esa parte de ti mismo en esa persona. Te estás proyectando. Debes tratar con este asunto para que lo resuelvas dentro de ti.

Sin embargo, la creencia de que esta persona es egoísta creará esta realidad. Crearás situaciones inconscientemente o filtrarás lo que hace esa persona, para confirmar que es egoísta. Tú crees que es egoísta y por ende se convierte en egoísta. Ya que tienes este asunto sin resolver dentro de ti, te deslizas a vivir la vida por El Efecto.

Veamos cómo puede afectar esta proyección a grupos de personas. Supón que un nuevo gerente es colocado a cargo de un grupo de empleados. A él le dijeron que ellos son flojos, no muy inteligentes y que no hacen el trabajo suficiente para alcanzar las metas de producción. El gerente viene con esta idea y —quién lo iba a decir— en dos semanas los empleados están produciendo significativamente menos de las metas de producción establecidas y se sientan por ahí a tomar café y a platicar mucho.

La semana siguiente colocan a un nuevo gerente. A este gerente se le dijo que el mismo grupo de empleados es muy motivado, sobre productivo y energizado. En dos semanas, este mismo grupo estuvo considerablemente por encima de la producción de metas, y siempre estaba trabajando duro.

Las proyecciones de los gerentes —basadas en creencias— afectaron la manera en que interactuaron con los empleados, y también tuvo consecuencia en los resultados. Las creencias y las expectativas van estrechamente de la mano. En la PNL, tus proyecciones y creencias cambian hacia logros más positivos. Si crees que triunfarás, ¡lo harás! Si crees que una persona es buena y positiva por naturaleza, sacarás eso de ellos también.

Es muy importante tener al Practicante de PNL correcto, ya que éste debe tener la habilidad para saber cómo tratar con situaciones como la proyección, y debe darse cuenta de cómo te estás proyectando y cuáles son tus creencias. Mientras más fuerte sea la creencia en su cliente, mejores serán los resultados.

Los Practicantes de PNL exitosos están conscientes de cómo pueden afectar sus propias creencias a sus clientes. Si creen que alguien no cooperará con ellos o sienten que su cliente no tendrá éxito usando la PNL, esos serán los resultados.

Por el otro lado, si creen que el cliente enfrente de ellos es brillante y motivado para el éxito, ESOS serán los resultados. Si no pueden evitar tener una imagen negativa del cliente, entonces están obligados a terminar con las sesiones o sugerirle que vean otro practicante. Una relación positiva es vital para el éxito.

♦ ♦ ♦

A MEDIDA QUE UNA PERSONA COMIENZA A USAR LA PNL, querrá desarrollar metas para alcanzar. Estas son las cosas que quiere lograr, y esto indica cuáles técnicas de PNL se pueden usar y la dirección en que la persona desea avanzar.

Hay una diferencia entre deseos y necesidades. Hay ciertas cosas que una persona necesita, como ser humano. El Psicólogo Abraham Maslow desarrolló una pirámide o jerarquía de necesidades. Todos nos encontramos en algún lugar de esta pirámide en diferentes momentos de nuestra vida.

La mayor parte del tiempo, no podemos pasar al siguiente nivel si no hemos satisfecho los niveles anteriores. Podemos quedarnos atrapados en un nivel particular, lo cual puede crear frustración y ansiedad en nuestras vidas. La PNL puede ayudar a liberar las barreras que tenemos en un nivel particular, de modo que podamos trascender al siguiente.

Por ejemplo, supón una persona que tiene problemas con las relaciones. Esta misma persona no puede conservar un empleo y ha sido echado de su vivienda muchas veces. Esta persona no puede comenzar a trabajar en el nivel amor/pertenencia si no ha resuelto los niveles inferiores de seguridad y asuntos fisiológicos. Un Practicante de PNL puede ayudar a la persona a evaluar dónde está, y trabajar desde ese lugar, en vez de ignorar las circunstancias actuales para intentar trabajar en objetivos más altos. Esto no quiere decir que no se deben buscar estos ideales; más bien, dice que la persona debe empezar donde está, y hacer el trayecto paso por paso.

Cada nivel de necesidad tiene sus propios desafíos; por lo tanto, la persona que usa las estrategias de PNL debe ser flexible. Por esto es tan útil trabajar con un Coach de PNL, para ayudarte a navegar tu camino por estos niveles y ayudarte cuando puedas sentirte solo y necesites ánimo. Lo más importante es recordar es que si estás sufriendo en un nivel inferior de necesidad, necesitas solucionar eso primero, antes de intentar trabajar en las necesidades más complicadas.

Una vez que empiezas a satisfacer tus necesidades, puedes empezar a trabajar en los deseos. Por lo general, los deseos son necesidades más refinadas: Un trabajo mejor, una casa más grande, un compañero de vida, etc. A veces es difícil separar las necesidades de los deseos, pero primero debes satisfacer tus necesidades. Necesitas ser capaz de ganar dinero en un trabajo antes de esperar comprar una casa más grande.

A medida que empiezas a fijar metas que quieres alcanzar, debes asegurarte que cada una de tus metas siga el proceso de una *META Registrada* (M.E.T.A.®). Cuando usas este proceso de cinco elementos y formulas tus metas así, la META queda «Registrada» en tu inconsciente. Este es el Proceso de una M.E.T.A.®:

M = Mensurable / Mía / Motivadora

E = Específica / Elástica / Emocionante

T = Trascendente / Todas las áreas de tu vida / Tiempo (basada en el,)

A = Actual / Alcanzable / Afirmativa

Ⓡ = Realista / Regocijante/Rica / Responsable (Ecológica)

Mensurable

Mientras más medible sea la meta, es más fácil determinar cuán cerca estás de obtenerla. Medir una meta te permite manejarla. Cuando declaras tu meta, tienes una medida que puedes alcanzar.

Cuando alcanzas tu meta, tienes una clara medida de éxito. También puedes tener unas metas a corto plazo dentro de tu meta más grande. Estos pueden ser hitos a lo largo del camino.

Imagínate que quieres un tipo de trabajo en particular. La primera medida es ver en línea y encontrar los trabajos que encajan con tus habilidades. Luego, tu siguiente medida es formar tu currículum y mandarlo a estas compañías. Después, la siguiente medida es recibir una llamada para una entrevista, o para una segunda entrevista; y tu mayor meta final es que eres contratado para el trabajo que querías.

Puedes crear una lista de estas metas más pequeñas y la PNL te ayudará a derribar cualquier barrera a lo largo del camino.

Declarar «quiero un empleo» no es mensurable. Declarar «quiero un empleo que pague $100 000 al año y tenga tres semanas de vacaciones pagadas con un gran plan de salud y bonos» es mucho más medible. Eso es específico, y es algo que puede ser una medida del éxito. Entre más específicos sean los criterios para alcanzar tu meta (por ejemplo, vacaciones pagadas y un cierto nivel de salario), más seguro estarás de que vas en pos de una meta específica, con detalles específicos que quieres cumplir.

Mía (importante para ti)

Recuerda que una de las directrices principales es que para tu mente inconsciente todo es personal. Tus metas deben darte a TI placer y plenitud.

Incluso si estás trabajando para otra persona o compañía, alguna parte de este logro debe ser significativa para ti.

Importante para ti también significa tangible. Siempre sonrío para mis adentros cuando oigo la clásica respuesta de las concursantes de Miss Universo decir que su meta es «La Paz Mundial».

Tu mente inconsciente no sabe qué significa «paz mundial». Es un concepto extraño, demasiado etéreo para entenderlo. Si REALMENTE estás consciente de que quieres trabajar en «la paz mundial», debes traducir esa frase etérea a algo que sea *Importante para ti*, como «Mi comunidad se lleva bien, y los vecinos comparten sus recursos», o algo parecido.

Motivadora

La palabra *motivar* proviene del latín *motus*, participio de *movere* (mover). Si algo es Importante para ti, tiene que ser lo suficientemente motivador para moverte a entrar en acción. Tus metas no se van a realizar por sí solas. Tienes que hacer algo para conseguirlas; si tu meta no *te mueve*, busca metas más motivadoras.

Tu meta debe ser algo que, con el simple hecho de pensar en ella, te traiga fuerza, enfoque y determinación para alcanzarla. Vive tu vida al máximo y fíjate metas motivadoras.

Específica

Entre más específicamente definas tu meta, más probable es que la logres.

¿Reconoces el blanco con la diana en el centro? Hay sólo un pequeño círculo en medio de círculos mucho más grandes. Puedes considerar tus metas de esta manera. Podrías enfocarte en la esencia de tus metas y reducirla a eso.

Si puedes declarar tu meta en una frase corta, es mucho mejor. Las metas deben ser directas y enfatizar lo que quieres que suceda.

He aquí algunas de las cosas que podrías considerar cuando fijes una meta específica:

¿Cómo? ¿Cómo vas a lograr tu meta?

¿Por qué? ¿Por qué quieres lograr tu meta?

¿Qué logrará cumplir esta meta en tu vida? ¿Satisface una necesidad o un deseo?

¿Qué? ¿Qué harás para alcanzar tu meta? ¿Qué herramientas y técnicas usarás? ¿Qué lograrás una vez que alcances tu meta?

Mientras más claras y concisas sean tus metas, es más probable y más rápido que las alcances. También ayuda a establecer las técnicas de PNL indicadas para alcanzarlas.

Considera esto como si fuera el juego del golf. El objetivo es poner la bola en el hoyo. Esa es la meta del golf. Para lograr esto, debes mantener y posicionar tu palo de golf de cierta manera. Hay trampas y desafíos a lo largo del camino, pero siempre y cuando estés seguro de dónde está tu meta, puedes hacer los ajustes necesarios y alcanzarla. Entre más directa sea la ruta, más fácil es de encontrar.

Recuerda que tu inconsciente es como un genio de cinco años. Es lo suficientemente poderoso para conceder cualquier deseo que tengas —si sigues el resto de los criterios descritos aquí—, pero debes conservar la petición clara y simple.

¿Qué es lo que quieres, realmente? ¿Cómo explicarías lo que quieres a un niño de cinco años?

Si dices que quieres ser exitoso, ¿qué significa esto? Para algunos, el éxito puede significar no trabajar en un empleo que no les guste; para otros, puede significar vivir en cierta ciudad o vecindario; para otros más, el éxito puede ser tener una familia amorosa que disfrute de compartir momentos juntos.

El concepto «nebuloso» de *éxito* debe ser traducido a una representación simple y concisa. Lo mismo hay que hacer con *amor, riqueza, felicidad, plenitud* y todas las demás metas que tengas.

Elástica

Imagínate que te fijas una meta de atraer a tu vida al hombre (o mujer) de tus sueños, y tienes una descripción específica de lo que deseas en esa persona. Lo describes con tanto detalle que especificas hasta la estatura y el color de su cabello. Bueno, si recuerdas la directriz de tu inconsciente que dice Obtienes tu enfoque, así que enfócate en lo que quieres, puede suceder que la persona de tus sueños esté frente a ti, y debido a que especificaste todas las características con tanto detalle, no notes que esta persona está interesada en ti, y pierdas la oportunidad de ser feliz porque no creaste tu meta de manera elástica o flexible.

Cuando vengas al *Taller de Metas Certeras* o al *Curso de Certificación de Programación Neurolingüística* conocerás la sencilla frase de cuatro palabras que garantiza que tu meta sea *Elástica*.

Emocionante

Ya mencionamos que tu meta debe ser *Motivadora*. Una manera de asegurarte que tu meta te motive es que la satures de emoción. ¿Qué emociones disfrutarás cuando consigas tu meta? Entra realmente a la imagen de la consecución de tu meta, y vívela con todas las emociones que puedas; esto causará que consigas tu meta más rápida y eficientemente.

Trascendente

El filósofo estadounidense Henry David Thoreau escribió que «La mayoría de los hombres viven vidas de acallada desesperación». Stephen Covey explica en su libro *Primero, lo primero*, que el hombre necesita «vivir, amar, aprender y dejar un legado». Cuando tienes metas trascendentes, satisfaces esta necesidad del ser humano de dejar un legado, de saber que has contribuido a algo que trascenderá tu existencia en esta vida, donde todos estamos meramente de paso. Asegúrate que —cuando menos— algunas de tus metas sean trascendentes.

Todas las Áreas de Tu Vida

Eres un ser humano multifacético y multitalentoso. Como tal, tienes muchas áreas que componen tu vida. La siguiente sección titulada *Incluye Todas Las Áreas de tu Vida* entramos en exquisito detalle acerca de este mismo tema. Por ahora, dejemos claro que para vivir una vida balanceada y plena, nuestras metas y nuestro crecimiento tienen que ocurrir en todas estas áreas.

¿Alguna vez has conocido alguien que es genial para hacer dinero, pero sus relaciones personales están por los suelos? ¿Conoces gente que es extremadamente religiosa pero su salud deja mucho que desear? Pueden ser excelentes en un área, pero descuidados en otras áreas de sus vidas.

Las personas verdaderamente exitosas y satisfechas tienen metas en todas las áreas de sus vidas. Mencioné anteriormente que tu meta debe ser específica. Entonces, escribe tus metas en específico para alguna área de tu vida y asegúrate de escribir tus metas en cada área.

Tiempo (basada en el,)

Establecer el marco de tiempo correcto es muy importante para realizar metas. Si quieres adelgazar 20 kilos en un mes, este marco de tiempo no alcanzable ni realista, como veremos en sus respectivas secciones. La gente adelgaza veinte kilos todo el tiempo. Pero lo hace en un periodo de tiempo razonable.

Es importante establecer un tiempo para realizar la meta. Esto ayuda a mantenerte progresando y a tener un tiempo de llegada. Cuando reservas un vuelo a un destino, generalmente revisas cuándo son los aterrizajes de los aviones. Si no ves el tiempo de llegada, esto podría ponerte un poco nervioso. ¿Estará el avión volando en círculos sin rumbo fijo? ¿Hay otros destinos a lo largo del camino? ¿Aterrizará el piloto el avión por un rato para tomar una siesta? Es importante saber cuándo vas a llegar a tu destino.

Establecer un tiempo para alcanzar tu meta se convierte en una promesa que te haces a ti mismo alcanzarla. Si le dices a alguien que lo verás mañana a las 2:00, le estás haciendo una promesa. Cuando llegan las 2:00, la expectativa es que se encontrarán en el lugar convenido. Establecer un tiempo para las metas es igual. Estás diciendo que en cierta fecha —e incluso en un tiempo específico— alcanzarás tu meta.

Si no estableces un tiempo para tus metas, puede ser demasiado vago. Considera el ejemplo anterior, si le dijiste a tu amigo que se encontrarían *esta semana*, no tendría esa expectativa de verte, excepto por accidente.

Hace un tiempo, escuché la historia de Mae Laborde, una actriz de más de 100 años de edad (nació el 13 de mayo de 1909) quien hizo una serie de comerciales para la cadena Fox y el canal FX. Lo más increíble de la historia de Mae es que ¡ella empezó en la industria de la actuación a los 93 años! En una entrevista dijo: «Siempre quise hacer esto» (actuar).

Ella tenía la meta de volverse actriz —quizás hasta fue su pasión—, pero nunca estableció su meta en un tiempo específico. Es imperativo que especifiques tu meta en el tiempo, de lo contrario puedes obtener la realización de tu meta, pero mucho más tarde de lo que puedas imaginar.

¿Qué tal si tienes la meta de encontrar al amor de tu vida? Pasas toda tu vida sin encontrar a esa persona especial. Entonces, en tu lecho de muerte, finalmente ves en los ojos de tu enfermera esa chispa que siempre buscabas. «Tus deseos son órdenes.» Ha sido concedido, pero un poco tarde para disfrutarlo plenamente.

Al no establecer un tiempo para tu meta, no habrá urgencia de alcanzarla. Esto significa que podría empezar en cualquier momento y arribar en cualquier momento. La probabilidad de que realices tu meta sería sólo por pura coincidencia.

Como veremos en los otros criterios para fijar metas, establecer el tiempo para conseguirla debe ser realista y alcanzable. Si te das demasiado tiempo, te puedes aburrir y no estarás muy motivado. Supón que quieres terminar tus estudios. Si dices que en los próximos cinco años quisieras regresar a estudiar, puede que no estés motivado para hacer lo que se necesita para alcanzarlo. Por el contrario, si el tiempo es demasiado corto, como «el próximo mes quiero regresar a clases», puede que esto no sea realista o alcanzable, ya que necesitas inscribirte, presentar exámenes, escribir ensayos, etcétera.

Actual (como si ya fuera realidad)

Cuando fijes tus metas, recuerda que tu mente inconsciente no tiene concepto de los tiempos verbales, excepto el presente. No existe un concepto práctico para el pasado o el futuro.

Cuando recuerdas algo del pasado, como un evento traumático, lo que haces es traer esas memorias al presente, y las revives en el *aquí* y el *ahora*. Por eso duelen. Si estaban en el pasado (lo que significa que están acabadas y resueltas), no deberían lastimarte al recordarlas.

Pero no me creas. Experimenta esto por ti mismo.

¿Recuerdas una experiencia «no tan positiva» del pasado que, cuando la recuerdas, ya no te molesta? Eso es algo que está en tu pasado práctico —está terminado.

Ahora, si recordaras una experiencia que todavía te molesta, puedes notar que, en realidad, estás trayendo el recuerdo al presente y lo revives.

Detente.

Lo mejor del pasado es que ya pasó.

Hablaremos más acerca de cómo dejar ir cosas del pasado y cómo dejarlas ahí, pero lo que quiero decir aquí es que sólo puedes experimentar el presente. Entonces, cuando escribas tus metas, debes escribirlas como si estuvieran sucediendo ahora mismo.

Considera esto. Si escribes: «Ganaré $1 000 000», la próxima semana las instrucciones para tu inconsciente continuarán siendo «Ganaré $1 000 000», y un mes después tu inconsciente sigue con «Ganaré $1 000 000», y el próximo año tu inconsciente seguirá pensando «Ganaré $1 000 000», porque el cumplimiento de la meta siempre está en el futuro. Imagínate el haz de luz de los faros de un automóvil; no importa cuán rápido vaya el auto, nunca alcanzará el rayo de luz porque siempre está enfrente.

Escribe tus metas en tiempo presente, «como si ya fueran realidad», como si actualmente tuvieras esa meta. Tu mente inconsciente entiende esto prácticamente.

Alcanzable

No te organices para fracasar. Es adecuado y deseable que te fuerces a ti mismo más allá de tus expectativas normales, pero tienes que asegurarte que realmente puedas lograr la meta que estableciste para ti mismo. Fijar metas poco reales no sólo las hace imposibles de alcanzar, también socava tu seguridad personal para establecer y cumplir metas futuras.

Establecer metas alcanzables también ayuda a motivar tu mente inconsciente a cumplirlas; puedes idear maneras de hacer realidad tus sueños. Entonces crearás una actitud y un panorama positivos, porque sabes que las metas están a tu alcance. Este panorama positivo ayuda a ver claramente las oportunidades cuando se presentan ante ti. Tu mente inconsciente puede dirigirte porque estarás escuchando tu intuición y siguiendo tu propia guía interna. Puedes mejorar esta comunicación por medio de usar las técnicas de PNL consistente y efectivamente.

Si fijas metas inalcanzables no estarás muy motivado. Estarás escuchando más la voz de Don Hablador que a tu mente inconsciente. Empezarás a crear una actitud de fracaso que, en efecto, programará tu mente inconsciente para hacer exactamente eso: fracasar.

Supón que sólo mides 1.52 m de estatura, pero quieres ser piloto de la Fuerza Aérea. El requisito de estatura para ser piloto de la Fuerza Aérea de los Estados Unidos es 1.63 m a 1.96 m de pie; sentado es 83 cm a 1.01 m. Por lo tanto, a menos que tengas menos de 18 años y aún esperes *dar un estirón*, la meta de volverte un piloto de la Fuerza Aérea de Estados Unidos no es alcanzable. Sin embargo, si quieres ser piloto en una línea comercial o de carga, esto sería más probable, ya que hay diferentes requisitos de estatura para obtener la licencia de piloto comercial. Si te interesa la Fuerza Aérea, puedes explorar otras carreras dentro de la USAF que no tengan los requerimientos de estatura de los pilotos de combate.

Entre más alcanzable sea la meta, más probable es que trabajarás para obtenerla. Si sabes que adelgazar 20 kg en un mes no es alcanzable, la probabilidad de adelgazar en lo absoluto *es muy raquítica*. Sin embargo, si estás buscando adelgazar medio kilo o un kilo por semana, este tipo de meta será mucho más alcanzable.

Afirmativa (hacia lo que quieres)

Hay dos tipos básicos de motivación que rigen todo lo que hacemos: Dolor y Placer. Buscamos evitar el dolor y obtener el placer. En la PNL, esto se conoce como Sistemas de Propulsión.

Si has visto el lanzamiento de un cohete a la Luna, es un evento impresionante. Después de que la cuenta regresiva alcanza el cero, el rugido de los cohetes propulsores llena el aire y un impresionante empuje de 3 538 toneladas vence el abrazo de la gravedad, lanzando la nave espacial en cerca 28 970 kilómetros por hora. La fuerza inicial para escapar de la gravedad de la tierra es inmensa. Pero eso no es todo.

Después que la nave espacial deja la atmósfera de la Tierra, toma muy poco para mantener la velocidad. Después de un rato, mientras la nave espacial se aproxima a la Luna, la fuerza gravitacional de nuestro satélite, de hecho, jala la nave espacial hacia sí.

Es lo mismo con nuestras metas.

Puedes tener dos enfoques en cualquier meta en particular. Si el área de tu vida en la que estás trabajando son las relaciones, puedes tener una meta de para conocer a la persona que será la compañera de tu vida.

Dentro de esa meta, es esencial saber *por qué* quieres esa relación. ¿Es para disfrutar la vida y compartir tus dones y talentos con otra persona, o es que no te quieres quedar solo?

¿Notas la diferencia?

En la primera *razón*, te estás moviendo hacia algo que deseas (compartirte a ti mismo con otro ser humano), mientras que la otra *razón* está enfocada en lo que no deseas (estar solo).

Al principio, esto puede tomar algo de introspección y honestidad de tu parte. No puedes decir: «Sí, quiero compartir mi vida con otra persona» sólo porque acabas de leerlo. «Sé fiel a ti mismo.» ¿Cuál es la *verdadera* razón por la que TÚ quieres tener una relación?

Es importante saberlo, porque el enfoque de tu trabajo será diferente en cada caso. Imagina si la tripulación del trasbordador espacial está en la zona de despegue, simplemente esperando que la fuerza gravitacional lunar entre en acción para jalarlos. Nunca pasaría nada.

Un Practicante de PNL puede ayudarte a definir tus motivadores Propulsivos (los que te llevan a lo que deseas) y Repulsivos (los que deseas evitar). La mejor estrategia es usar una combinación de ambos. Primero la motivación Repulsiva debe ser lo suficientemente fuerte para ganarle a la inercia —el costo de no hacer nada. Luego, una vez que estás lejos de lo que te hizo comenzar a moverte, te afianzas a la motivación Propulsiva para que te lleve a tu vida óptima, tu Obra Maestra.

Realista

Que sea realista es parecido a asegurarte que tu meta es alcanzable. Esto indica si una meta está personalmente a TU alcance. Puedes tener una meta alcanzable en general, pero que TÚ no la puedas lograr. Esta es la diferencia entre *posible y probable*. Es *posible* que sucedan muchas cosas en la vida, pero eso no significa que sea *probable* que ocurra. Es *posible* ganarse la lotería. Cada boleto tiene la misma oportunidad de ganar en cualquier día dado.

Sin embargo, no es *probable* que te ganes la lotería. Establecer metas poco realistas puede ser tan malo como establecer metas inalcanzables.

En realidad, podrías seguir motivándote e impulsándote para alcanzar tus sueños, pero «Sé fiel a ti mismo», escribió El Bardo. Y Shakespeare debe haber sabido algo sobre la mecánica del éxito de la mente, porque sus obras están llenas de la filosofía detrás de la vida. En el mundo real, si no eres sincero contigo mismo, las consecuencias pueden ser fatales.

Por ejemplo, supón que quieres ser médico. Ciertamente, esto se puede lograr. Mucha gente se convierte en doctor; pero supón que no eres muy bueno en matemáticas y ciencias. Podrías ser capaz de aprobar la facultad de medicina pero, ¿es eso realista? ¿Cuántas clases de matemáticas necesitas aprobar en la facultad de medicina? ¡Vaya! Entonces se te dificultará mucho y puede que no alcances tu meta, porque puedes tener pensamientos constantes de «voy a renunciar» y simplemente no serás capaz de aprobar las clases de matemáticas.

Hay maneras en que puedes hacer una meta más realista. Quizás puedas tener tutoría adicional en matemáticas, o prepararte para un campo profesional diferente dentro del campo médico, que no requiera de tantas matemáticas. La psiquiatría requiere más matemáticas que la psicología. La enfermería general requiere menos matemáticas que la enfermería especializada.

Haz un plan para hacer tu meta más realista. Entonces considera dónde estás en este momento de tu vida. Esto te hará consciente de tu realidad «aquí y ahora».

Es difícil para alguien imaginarse comprar una casa de $1 000 000 si tiene un trabajo donde gana $43 000 al año. Así que puedes cambiar el valor del hogar que estás buscando, o trabajar para obtener un empleo mejor remunerado. Cualquiera de estas soluciones hará que la meta sea más realista.

Puedes fijar tu meta lo suficientemente alta para asegurarte que estarás satisfecho con tu logro. Pero si la meta está demasiado alta y fracasas, no te sentirás muy exitoso.

Por otra parte, si apuntas muy bajo tus habilidades, aunque alcances tu meta puede que no te sientas muy satisfecho con la experiencia. También puede que no sientas que has conseguido ninguna capacidad adicional, ni que seas exitoso. Considera el centro de una diana. Si tiras la flecha muy bien, pero estás a sólo un metro del blanco, fácilmente puedes dar en el centro. Pero no será muy satisfactorio para ti. Por otro lado, si te paras del otro lado de un campo de tiro, tu meta es más alcanzable y estirará tus habilidades de cierta manera; eso realista para la mayoría de la gente. Sin embargo, si te vendas los ojos, la meta aún puede ser alcanzable, pero no muy realista.

Con las técnicas de PNL puedes abrirte a nuevas posibilidades. Lo que hayas podido considerar inalcanzable o poco realista puede volverse posible. Muchas veces tus propios miedos y dudas pueden oscurecer las metas o incluso hacerlas irrealizables. Una vez que eliminas tus miedos, las metas se vuelven muy realizables.

Cuando comiences a alcanzar cosas que una vez pensaste que eran imposibles, tu confianza aumentará simultáneamente. Esto abre posibilidades mayores para ti. Estás construyendo sobre tu éxito, y estás llevando tu Obra Maestra al siguiente nivel de realización.

Regocijante/Rica (utiliza todos tus sentidos)

La única manera en que podemos experimentar nuestra realidad es mediante nuestros cinco sentidos. Cuando vivifiques tu meta y la evoques en tu mente, la experiencia es mucho mejor para tu inconsciente cuando utilizas la mayor cantidad de tus sentidos que te sea posible. Por ejemplo, si tu meta es tomarte unas relajantes vacaciones en una isla tropical, ve en tu mente el tenue atardecer y el profundo azul del mar, que es diferente al claro azul del cielo, contrastado por las pequeñas nubes blancas, como bolitas de algodón a la distancia; escucha el rítmico romper de las olas en la playa y el viento que se pasea suavemente entre las palmeras; siente el cálido acariciar del sol en tu rostro, calentando la tersa arena que acabas de dejar bajo tus pies; huele el salado aire del mar y prueba la deliciosa bebida que te han preparado, mientras te meces en esa hamaca con vista al mar.

Tu inconsciente no conoce la diferencia entre un recuerdo vivo del pasado, una experiencia que estás viviendo en el presente y una imagen intensa de algo que te imaginas experimentar en el futuro. Es muy sencillo para tu inconsciente crear lo que le pides cuando «ya lo ha vivido», aunque haya sido en tu imaginación. Crea en tu mente la imagen viva de la realización de tu meta, y satura tu mente inconsciente con esta realización.

Responsable (ecológica)

Ya hemos hablado de la ecología. Esto significa que al fijar tus metas consideras tu propio bienestar, el bienestar de todos los involucrados, el bienestar de tu comunidad y el bienestar del mundo.

En lo más profundo en tu mente inconsciente, hay una parte que está buscando la ecología. Si tu meta es ganar un millón de dólares, pero tienes que vender productos inferiores a la gente, es muy poco probable que lo logres, porque estás actuando en contra de tu revisión Ecológica.

Puedes decir: «Pero hay gente que está haciendo cosas que no son ecológicas.» Cierto. Pero realmente ¿cuán exitosos son, a la larga? Tarde o temprano, serán delatados y llevados ante la justicia, y realmente nunca disfrutaron del éxito y la satisfacción verdaderos.

En la página siguiente hay una hoja de trabajo que usamos en mis Seminarios de *Metas Certeras* y que doy a mis clientes particulares, que sirve como recordatorio y guía de estudio para usar los elementos de una meta bien formada.

Usar el proceso de la M.E.T.A.® mientras utilizas técnicas de PNL, puede mover montañas por ti. Estarás asombrado de lo fácil que puede ser alcanzar esas metas que has tratado de obtener toda tu vida, sin éxito.

Escribe metas para cada área de tu vida y usa la hoja de trabajo en la página siguiente de tu M.E.T.A.® para asegurarte que incluyas todos estos factores.

M.E.T.A. ®

M
- **Mensurable**
- **Mía (importante para mí)**
- **Motivadora**

E
- **Específica**
- **Elástica**
- **Emocionante**

T
- **Tiempo, basada en el**
- **Trascendente**
- **Todas las áreas de tu vida**

A
- **Actual (como si ya fuera realidad)**
- **Alcanzable**
- **Afirmativa**

®
- **Realista**
- **Regocijante/Rica (utiliza todos tus sentidos)**
- **Responsable/Ecológica**

Decide quién quieres ser

Es tiempo de empezar a visualizar tu Obra Maestra. Todos los Maestros tienen una visión de cómo se verá el producto final.

Sueño mi pintura, y luego pinto mi sueño

Vincent Van Gogh

Pero antes de crear Tu Obra Maestra, necesitas establecer un punto de partida. Y el punto de partida para crear tu vida es tomar responsabilidad total de dónde estás ahora mismo en tu vida.

Como mencioné al principio del libro, haces esto para ser «La Causa» de todo en tu vida, y no vivir por «El Efecto».

Considera en dónde estás en este momento de tu vida. Hay un camino que está detrás de ti —contiene lo bueno y lo malo. Hubo decisiones conscientes e inconscientes, pero todas te llevaron al punto en dónde estás en este preciso momento. Nadie más te trajo a dónde estás —lo hiciste por ti mismo. (Incluyendo la decisión de comprar este libro.) ¡Felicítate a ti mismo!

Mientras empiezas a reconstruir tu vida, es tiempo de tomar decisiones conscientes. Debes tomar la decisión de caminar por el lado de La Causa de la vida. Hay dos caminos frente a ti en esta encrucijada de la vida: Vivir como «La Causa» y Vivir por «El Efecto». Es tiempo de tomar el camino de La Causa. En el futuro, cuando veas hacia atrás a este momento, verás cómo terminaste y cómo lo hiciste, justo como puedes ahora mismo.

Causa = Resultados

Efecto = Razones

Cuando vives tu vida como La Causa, tendrás resultados. Estos son los resultados de tu labor y tus decisiones conscientes. Por otra parte, si vives la vida por El Efecto, lo único que puedes esperar son razones. Estas son las razones por las cuales no estás viendo resultados en tu vida. Este es el juego de culpa que le encanta jugar a la gente que vive por El Efecto de la vida.

Si vives la vida por El Efecto, no estarás solo. Cuando inventas razones, siempre hay gente cerca de ti que apoya estas razones. Te dicen: «Pobrecito». O «Nunca tienes una oportunidad en la vida» o «Si no tuvieras mala suerte, no tendrías nada de suerte». La naturaleza de los grupos «de apoyo» es que pueden apoyar todas las razones de fracaso de por qué no tienes éxito. Nunca tendrás que buscar muy lejos si buscas la simpatía de los demás que apoyan vivir la vida por «El Efecto».

Esto no quiere decir que todas las «cosas no tan buenas» que pasan en la vida son nuestra culpa o que las escogimos conscientemente. Lo que estoy diciendo es que las decisiones conscientes e inconscientes (respuestas automáticas) nos llevan por el camino de nuestra propia vida.

La belleza de la Programación Neurolingüística es que ayuda a la gente en la transición de razones a resultados —de El Efecto a La Causa. Una vez que has decidido vivir en el lado de la ecuación de «La Causa», empezarás a aprender de la vida. Una vez que llegas a este estado de aprendizaje, abrirás la llave para tener un futuro brillante de tu propia creación. Estarás en vías de Hacer De Tu Vida Tu Obra Maestra.

FELICIDAD DESDE TU INTERIOR

✦ ✦ ✦

CREO QUE FUE GALILEO QUIEN DIJO: «No le puedes enseñar nada a un hombre; sólo le puedes ayudar a encontrarlo dentro de sí mismo». Y así es con la felicidad. Tú tienes dentro de ti todo lo que necesitas para ser feliz. Todo es cuestión de encontrar la combinación correcta de pensamientos, actitudes y acciones... así es. ¡ACCIONES! Todos los grandes e iluminados pensadores han dicho que tienes que SER antes de que puedas HACER, para poder TENER.

«El juego de la vida es un juego de boomerangs. Nuestros pensamientos, buenas acciones y palabras regresan a nosotros tarde o temprano con pasmosa exactitud.»

-Florence Scovel Shinn, escritora, artista y maestra (1871-1940)

Mucha gente busca la felicidad por fuera. La busca en su carrera o en su compañero e, incluso, en sus hijos. Compran muchas cosas materiales porque creen que si sólo compran un carro más grande o una casa más grande, podrían ser felices. Se compran la creencia de que el dinero puede hacerles feliz o que si se casan con la chica o el chico correcto tendrán una vida de cuento de hadas y vivirán felices para siempre.

Aunque algunas de estas cosas le puedan dar a una persona algunos momentos de felicidad, es sólo eso: momentos. La capacidad de cualquier automóvil u objeto material para hacernos felices a la larga es, en sí, un cuento de hadas.

La simple verdad es que la felicidad verdadera sólo se puede encontrar en tu interior. No tienes que creerme a mí; considera las palabras de sabiduría acerca de la felicidad de algunas de las más grandes mentes de nuestro tiempo, y de la historia:

Demócrito, (460AC-370 AC)

La felicidad reside no en las posesiones ni en el oro,
el sentimiento de felicidad yace en el alma.

Aristóteles

Vivir felizmente es un poder interno del alma

Sharon Salzberg

No importa qué tanto pudiéramos estar atorados en el sentir de nuestras limitaciones. Si vamos a un cuarto oscuro y encendemos la luz, no importa si el cuarto ha estado a oscuras por un día, una semana o diez mil años —si enciendes la luz, se ilumina. Una vez que controlamos nuestra capacidad para el amor y la felicidad, las luces se han encendido.

John Templeton

La felicidad viene de la riqueza espiritual, no de la riqueza material... la felicidad viene de dar, no de recibir. Si tratamos mucho de llevar felicidad a los demás, no podemos evitar que llegue también a nosotros. Para recibir gozo, debemos darlo, y para mantenerlo, debemos esparcirlo.

Úrsula K. LeGuin

Ciertamente no era feliz. La felicidad tiene que ver con la razón y sólo con razón se obtiene. Lo que se me dio fue algo que no se puede obtener y tampoco mantener, y frecuentemente ni siquiera es reconocido en el momento; me refiero al gozo.

Mary Baker Eddy

La felicidad es espiritual; nace de la Verdad y el Amor. No es egoísta; por lo tanto, no puede existir sola, sino requiere que toda la humanidad la comparta.

Desconocido

Cuídate a ti mismo. La buena salud es la mayor fuente de riqueza de todo mundo. Sin eso, la felicidad es casi imposible.

Martha Washington

La mayor parte de nuestra felicidad o miseria depende de nuestras disposiciones, no de nuestras circunstancias. Llevamos las semillas de la una o de la otra con nosotros en nuestras mentes a donde quiera que vayamos.

Lord Byron

Cualquiera que desee ganar gozo, debe compartirlo; la felicidad ha nacido como gemelo.

Anónimo

La felicidad no es tener lo que quieres tener, sino querer lo que tienes.

Ludwig Wittgenstein

El mundo de aquellos que son felices es diferente al mundo de aquellos que no lo son.

Desconocido

La persona realmente feliz es la que puede disfrutar el paisaje cuando toma una desviación.

Diógenes Laertius, Zeno

Uno debería buscar la virtud misma, sin ser influenciados por el miedo o la esperanza, o por ninguna influencia externa. Es más, de eso es lo que consiste la felicidad.

Víctor Hugo

La felicidad suprema en la vida es la convicción de que somos amados —amados por quienes somos, o mejor aún, amados a pesar de quienes somos.

Picasso

Todo existe en cantidad limitada – especialmente la felicidad.

Margaret Lee Runbeck

La felicidad no es una estación a la cual arribar, sino una manera de viajar.

John B. Sheerin

La felicidad no está en nuestra circunstancia,
sino en nosotros mismos.
No es algo que podamos ver, como un arco iris, o sentir, como el calor del fuego.
La Felicidad es algo que somos.

Allan K. Chalmers

La gran esencia de la felicidad es: algo que hacer, alguien a quien amar y algo en qué poner la esperanza.

Anónimo

La felicidad es realzada por los demás pero no depende de los demás.

Entonces, la felicidad está al alcance de todos nosotros. En su libro, *Feliz porque sí,* Marci Shimoff presenta consejos prácticos para elevar tu nivel de felicidad cada día. Marci comparte un nuevo paradigma de la felicidad. Su mensaje principal es que todo lo que necesitas para ser feliz está dentro de ti.

Entonces, me pregunto si estás listo para poner en práctica los consejos de Marci, empezando con el título de su libro. Ser feliz porque sí.

Incluye todas las áreas de tu vida

✦ ✦ ✦

Las personas son individuos multifacéticos. Tienen muchos aspectos diferentes que los hacen quienes son. Por ejemplo, considera los muchos papeles que juego en mi vida:

Soy hijo: telefoneo a mi padre y lo visito cada vez que puedo, y también visito a mi madre con frecuencia. Este es uno de los papeles que definen quién soy, y también definen lo que hago.

Soy padre. Soy proveedor de amor, apoyo y disciplina para mis niños. Esto define las acciones que tomo y también cómo me identifico por medio de esas acciones.

Me identifico a mí mismo como hermano. Le doy apoyo y juego mi papel con mis hermanos. Este papel, como los demás en mi vida, ha evolucionado con el tiempo, aunque el título o *etiqueta* que identifica este rol sigue siendo el mismo.

Soy Capacitador de PNL, Coach, Empresario, líder de comunidad, Presidente del Club de Leones de Santa Ana y Presidente de mi club de Toastmasters. Cada uno de estos roles identifican lo que hago, y están compuestos de actitudes, acciones y comportamientos. Cuando alguien pregunta quién es tal persona, generalmente respondemos con el trabajo que realiza; pero, como puedes ver, quien eres tú abarca muchos roles diferentes, responsabilidades y expectativas.

En la PNL nos enfocamos en muchas áreas diferentes. Lo importante es la persona como un todo, no sólo una o dos pequeñas partes. Si te concentras en sólo una parte, quizás no llegues a mejorar a la persona entera. Esto puede conllevar al descontento e infelicidad. Tal vez has visto este tipo de persona que parece tener todo lo que una persona pudiera desear, y aún así parece infeliz. Esto es porque hay algunas áreas de sus vidas que han estado perdidas o que están desequilibradas con las demás.

Patricia, una de mis clientes, era una mujer muy exitosa y una líder comunitaria muy efectiva. Ella está a cargo de esto y es presidente de aquello, y siempre estaba dando de sí y apoyando con sus múltiples talentos. Ella era una gran madre y una esposa modelo. Era una gran amiga de muchos y siempre estaba dispuesta para quien la necesitara. Aún así, no se sentía completa.

Cuando explorábamos su vacío, le pregunté: «¿Cuándo fue la última vez que hiciste algo sólo para ti misma?» Se quedó en blanco. Ella pensó, excavó y hurgó profundamente en su memoria, buscando una respuesta. No podía recordar la última vez que había hecho algo sólo para ella.

Puedes imaginar cuál fue su tarea.

Veamos otro ejemplo.

Imagínate a una mujer que quiere tener una gran posición en su carrera. Ella trabaja mucho sólo en esa meta —supón que es en promociones. Ella trabaja para ingresar a la universidad. Va a la universidad de su preferencia, en el programa que ella ha elegido. Las cosas se ven geniales. Pasa horas estudiando y es la primera de su clase.

Debido a que se ha desempeñado tan bien, la empresa en la que quería trabajar, la contrató. Empezó en el nivel más bajo, y gracias a que trabajó horas extras y los fines de semana, avanzó en la jerarquía corporativa. Ha llegado a una mediana edad, y está de lo mejor en su carrera. Tiene un automóvil de lujo, la casa de sus sueños y un montón de dinero en el banco.

Cuando regresa a su casa en la noche y trata de relajarse, se siente vacía. Tiene todo lo que podría desear en su carrera, pero realmente eso es todo lo que tiene. Ha trabajado muchas horas y ha entregado su vida a esa empresa, pero ahora se da cuenta que todas las noches regresa a una casa vacía.

No hay nadie que la reciba, y las habitaciones extras —aunque están decoradas a la última moda por diseñadores de renombre—, no pueden llenar el vacío de los cuartos sin niños. Está sola y es infeliz.

Ha tenido un par de amantes, pero fueron de corta duración debido a la cantidad de tiempo y esfuerzo que dedicaba a su carrera. Se dio cuenta demasiado tarde que hay otros papeles en la vida en los que fue descuidada y que, a fin de cuentas, estaban conectados a la verdadera felicidad. Tiene todo el dinero del mundo, pero no puede comprar una familia o recuperar el tiempo perdido.

No ha hablado con su hermana en muchos años y ni siquiera está segura qué es de su vida, o qué edad tienen sus sobrinos. Sus padres reciben postales de los lugares que visita durante las vacaciones, generalmente sola.

La PNL realmente puede mejorar enormemente la vida de la gente. Te dará exactamente lo que deseas, pero antes de empezar necesitas hacer un inventario de lo que quieres. Es importante tener claridad acerca de tu vida, tus deseos y tus necesidades. Un Practicante de PNL bien versado puede ayudarte a ver tu vida como un todo, en vez de una colección de partes aisladas.

A veces podemos quedarnos atrapados en sólo un aspecto. Es fácil hacer esto, porque casi siempre priorizamos nuestras necesidades y metas una vez, y luego usamos esa lista para ir desempeñando esas tareas aisladas. Es importante revisar la lista para asegurarte que estás mejorando en todos los aspectos de tu vida, y no sólo te estás enfocando en uno o dos. Recuerda que con la PNL tendrás exactamente lo que pides. La mente inconsciente no es muy buena para interpreta exactamente lo que queremos, y puede que no llene las brechas que olvidemos. Sólo hace lo que se le dice. La mente consciente está manejando el autobús, ¿recuerdas?

Mi amigo, Bart Baggett, en su libro *Secretos del Éxito de los Ricos y Felices* (el cual tuve el placer de traducir al español hace unos años), presenta una bella ilustración de este balance entre los diferentes aspectos de tu vida.

Él intuyó esto mientras meditaba sobre algunos de los principios básicos de la mente que hemos mencionado aquí (está entrenado en PNL) y lo combinó con el concepto de Stephen Covey de categorizar tu tiempo por cuadrantes, para alejarte de la *urgencia* y enfocarte en lo que es *importante* realmente.

Él llama a esto tu *Tablero de la Vida*, el cual presenta una representación visual del balance en tu vida. Permíteme ilustrarlo:

Toma un lápiz y una hoja de papel y participa en la creación de un diagrama visual de tu vida. Dibuja un círculo grande y divídelo en cuatro cuadrantes. Marca cada uno de ellos como en el diagrama siguiente:

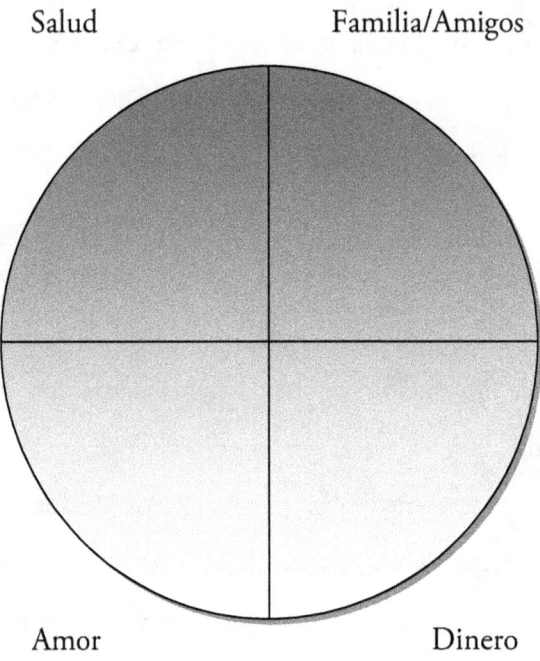

En cada cuadrante, escribe las tres cosas más importantes que están ocurriendo en tu vida en cada categoría. Por ejemplo, si tienes una enfermedad, escribe esa enfermedad en la categoría de Salud. Si estás divorciado, escribe el nombre de tu cónyuge en la categoría de Amor. Si crees que tu padre es un idiota, escribe su nombre en la categoría de Familia/Amigos. Si batallas para pagar tus cuentas cada mes, escribe *cuentas* en el cuadrante del Dinero. Por cierto, cuando hagas tu propio *Tablero de Vida*, no te limites a ti mismo con sólo cuatro categorías. Algunas personas añaden sus propias categorías, como «Espiritual/Religión» o «Hobbies/Creatividad», etc. Pero para simplificar esta ilustración, usa sólo los cuatro cuadrantes para la demostración.

Bart habla acerca del concepto de Historia versus Drama. Tu Historia es tu interpretación de los eventos que han ocurrido en tu vida, simple y llanamente. Por el contrario, Drama son todas esas cosas que añadimos subconscientemente para darle más sazón a nuestras historias.

Si te para un policía por no hacer alto total en una señal de alto, puedes contar lo que pasó de una manera directa, y esa es tu historia. A lo mejor fue malvado o severo; tal vez te dio un sermón sobre los peligros de la «Rodada de California» y eso fue todo.

Si te pones a decir que él estaba escondido detrás de una esquina sólo esperando que TÚ te pasaras la señal, y cómo él te detuvo A TI por esto y aquello, y cómo debatieron por 45 minutos acerca de las leyes de la física y la inercia, y por qué toma más tiempo y energía empezar a moverte en un vehículo desde alto total y tú sólo estabas tratando de ser amable con el planeta al no hacer un alto total, y él TODAVÍA te multó, eso es tu drama.

El primer paso son tus historias reales. ¿Qué está pasando en tu vida ahora mismo referente al asunto de problemas repentinos de salud? Escribe todo evento con el que estés lidiando: depresión, cáncer, influenza, pierna fracturada, el problema de salud de un amigo, etcétera. ¿Qué está pasando ahora mismo en tu vida amorosa? Haz una lista. Haz lo mismo con Dinero y con Familia.

Ahora, cuando hayas escrito algunas de tus historias favoritas, dibuja un círculo interior. Marca el círculo interior como «Emoción Intencional» y el círculo exterior como «Drama Externo».

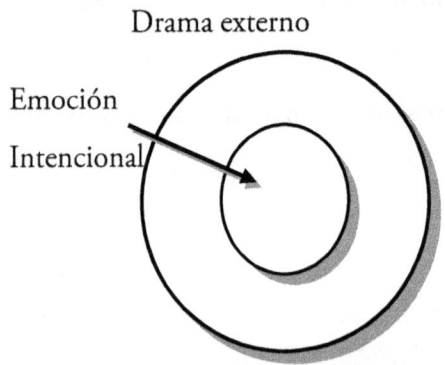

Mira tus historias y nota cuáles son creadas por el «mundo» y cuáles fueron creadas por ti, porque te brindan placer y realización.

Te pedí que marcaras el círculo exterior como *Drama Exterior*. Esta es la zona «por defecto» en la cual suceden la mayoría de los eventos de la vida, si no tienes intenciones fijas.

Ahora, en tu mente, coloca el disco en el suelo y hazlo más grande, como de dos metros de diámetro. Mírate a ti mismo parado en el centro de ese círculo interno. Mira a tu alrededor. ¿Están balanceadas las áreas? ¿Hay más eventos en tu vida amorosa que en tu área de salud? ¿Estás pasando demasiado tiempo en la sección de dinero/carrera e ignorando tu vida amorosa? Una vez que tengas una imagen clara de estar parado en el centro del disco, cierra los ojos. Imagínate que usas tu sentido de equilibrio a fin de balancearte y permanecer centrado.

Bueno, eso es muy fácil si el tablero está en el suelo en el medio de tu sala. Ahora, vamos a añadir al juego un elemento de riesgo.

Imagínate que estás parado sobre tu Tablero de Vida, pero ahora el tablero está sobre una pelota de hule de un metro de diámetro. Ahora, mantén el equilibrio. Enfócate. Seguro, es fácil mantener el equilibrio, hasta que venga alguien y salte en tu área de «amor» y sufras una crisis emocional. El «peso del drama» de esa persona quita el enfoque de los cuadrantes restantes.

Cuando vives tu vida a propósito, cuando estás a cargo de las historias y el drama que permites (o que no permites) en tu vida, tu Tablero de Vida permanece en balance y tú decides en lo que te quieres enfocar.

Ahora, vamos a trabajar en TU Tablero de Vida. ¿Cuáles son las diferentes áreas de tu vida? Puedes usar estas sugerencias, y agregar las que quieras o suprimir las que no quieras. Después de todo, es TU VIDA.

Carrera

Amor

Familia

Dinero

Entretenimiento

Causas en las que estás interesado

Hobbies/Actividades recreativas

La lista puede seguir, y es diferente para cada uno. Esta es una de las cosas que nos hacen únicos. A veces podemos estar atrapados con una programación externa. Estos son los mensajes de nuestros padres y de la sociedad acerca de lo que es importante y los papeles que deberíamos jugar. Eso puede entrar en la categoría de «drama». A veces esto funciona para nosotros y otras veces no. Lo importante es lo que hay dentro de ti. Si le dices a tu mente inconsciente que lo más importante que quieres es tener una vida feliz y bien balanceada, tu mente inconsciente te la dará. Pero tienes que ser específico con lo que quieres decir. Entre más sencillo, mejor.

Imagínate a ti mismo en el disco de tu Tablero de Vida; estás parado ahí, mirando las diferentes áreas de tu vida. Estás en balance. Todo está muy bien.

Luego algo pasa y, de repente, pierdes $50 000 en la bolsa de valores. Luego, un carro atropella a tu perro. O tu madre da a parar al hospital. Así que ¿cómo puedes conservar el equilibrio? Si has creado ahorros emocionales, físicos e incluso financieros en cada cuadrante, entonces no hay problema. Puedes dejar el centro del disco, tratar con la emergencia, y luego regresar al centro. Tu peso no desbalanceará el disco si has estado invirtiendo en cada cuadrante antes de que llegue la crisis.

Lo que hace la mayoría de la gente es esto: pasa su tiempo en el círculo exterior, corriendo de cuadrante en cuadrante como ratón en una rueda, corriendo de un lado a otro, manejando emergencia tras emergencia. Esto es lo que Stephen Covey llama vivir en «urgencia».

Enfócate en la salud, relaciones, carrera, espíritu, familia y dinero. Si estás muy desenfocado, te caerás de tu Tablero de Vida. Luego te pararás otra vez, sólo para caer de nuevo en el siguiente tropiezo del camino. La vida se puede volver muy frustrante si no puedes mantener tu balance.

Y la manera en que mantienes el balance es muy, muy simple: Toma buenas decisiones. Cada momento de cada día, tienes la opción de decidir en cuáles pensamientos te enfocas. Cada día invierte tiempo y pregúntate a ti mismo: *¿Qué puedo hacer para crear una emoción intencional en cada uno de los cuadrantes? ¿Cómo puedo hacer un depósito emocional en mis relaciones, en mi familia y amigos?*

Imagínate a ti mismo manejando mañana. Alguien te quiere rebasar muy de cerca y casi choca contigo. Tienes la opción de lo que permites que habite en tu mente, y lo que harás a continuación. Esto es lo que llamamos una decisión. Elige la felicidad. Conserva tu balance. Parece muy simple. Es simple.

¿QUÉ TE DETIENE DE ESTAR AHÍ, AHORA?

✦ ✦ ✦

A MEDIDA QUE COMIENZAS A CREAR TU VIDA como Tu Obra Maestra a través de la PNL, verás detenidamente en dónde estás en tu vida ahora mismo. Esto incluye lo bueno y lo mano, al igual que todo lo que te hace la persona que eres. Primero hay que tratar con unas cuantas cosas antes de pasar a crear nuestra vida como la Obra Maestra que siempre quisimos.

Considera a Lance Armstrong por un momento. Controversias aparte, él ha ganado muchas veces el Tour de Francia (tanto así, que deberían considerar cambiar el nombre del evento a «Tour de Lance»). Si has visto esta carrera, notarás algo acerca de cómo Lance y todos los competidores usan trajes especiales. Visten las ropas más ligeras y aerodinámicas posibles. Incluso sus bicicletas están hechas de Titanio para hacerlas súper ligeras. Esto es porque Lance Armstrong sabe que, a fin de cruzar la meta final primero, debe ser lo más ligero posible y despojarse de lo superfluo o las cargas excesivas. Tener una bicicleta pesada o llevar una carga extra lo retrasaría, y tendría que parar antes de llegar a la meta.

Nosotros cargamos algo de ese pesado equipaje todos los días; eso nos retarda y evita que alcancemos la meta final.

Lance Armstrong también tiene una historia interesante. Él padeció cáncer que amenazó su vida. Lo superó y regreso más fuerte y más rápido que nunca. Si hubiera cargado con el equipaje del cáncer, no hubiera podido siquiera calificar a la carrera, y no hubiera ganado el evento año tras año.

Decidió dejar a un lado su equipaje. Todas las preocupaciones, ansiedad, enfermedad, depresión y miedo se quedaron atrás cuando el cáncer remitió. Lance estaba libre; su cuerpo y mente estaban ligeros y se movió como un tren bala a través de las pequeñas aldeas montañesas en Francia. Nada lo entretuvo. Se convirtió en un héroe y nunca dejó que unas circunstancias bastantes difíciles de la vida obstaculizaran su meta —una y otra vez. El mundo estaba tan asombrado por el desempeño de Lance, que fue investigado varias veces para cerciorarse que no hubiese usado drogas; pero nada de esto lo detuvo. Ya era un ganador en su mente y en su cuerpo. Incluso recuperarse del cáncer redirigió su camino. Lance ganó el Tour de Francia en su mente, antes de siquiera poner su bicicleta en el punto de partida.

DESPEJA LA NEGATIVIDAD DEL PASADO

Parte de lo que nos detiene en el lugar donde estamos atorados es lo que yace detrás de nosotros.

Imagina por un momento que vas caminando por un sendero en una fresca tarde. Delante puedes ver luces brillantes e incluso puedes escuchar música. Ese es tu brillante y emocionante futuro delante de ti. Puedes ver el camino que has escogido y ves que se dirige a tu destino. Es un camino recto y claro. Te sientes emocionado y motivado acerca de las posibilidades que te esperan. Das un paso al frente y no te puedes mover. ¡ESTÁS ATORADO!

Miras atrás y te das cuenta que hay una larga y gruesa cadena alrededor de tu tobillo que está conectada a algo detrás de ti. Ves un enorme montón de equipaje viejo atado con una larga cadena a su alrededor. Es demasiado pesado para moverlo. Este es tu pasado, y el equipaje que has elegido cargar en la travesía de tu vida. Es tu decisión cargar con este equipaje, pero te darás cuenta que es casi imposible avanzar cuando lo tienes encadenado a ti.

Lo maravilloso del equipaje del pasado es que tú tienes la llave para desencadenarlo y dejarlo atrás. La PNL ofrece maneras excelentes para hacer esto. Una vez que liberas y disuelves esa cadena, puedes dejar tu equipaje donde pertenece —en el pasado. Esta restricción es lo que te mantiene atorado, porque promueve los pensamientos y comportamientos negativos. Es lo que mantiene a Don Hablador balbuceando en nuestra cabeza. Es lo que se aprovecha de nuestros miedos y dudas. La negatividad del pasado producirá negatividad presente y futura.

El primer paso en el proceso de liberar el equipaje es reconocer y aceptar que está ahí. Puedes revisar el equipaje y ver las malas experiencias, y aceptarlas como parte de quién eres; pero sabe que eso no te define. Fueron experiencias de aprendizaje, pero no conservas tus libros de ortografía del primer grado, ¿verdad? Aprendes lecciones, las integras en tu vida y luego las dejas ir. A veces, dejarlas ir puede ser difícil y emocional, y por eso es tan importante trabajar con un Practicante de PNL.

HAZ UNA LISTA DE TODAS LAS COSAS INCOMPLETAS EN TU VIDA

Una moneda tiene dos lados. Igualmente, primero hablamos de liberar el pasado y los pensamientos negativos asociados. Por el otro lado resta ver los huecos de nuestras vidas. ¿Qué cosas en nuestra vida hemos empezado y abandonado, que nunca hemos completado? ¿Hay cosas en tu vida que te gustaría emprender, pero nunca has tenido el valor para hacerlo?

Todas las cosas que están incompletas en tu vida te están deteniendo. Si consideras que cuando hacemos algo ponemos nuestra energía en eso hasta completarlo, imagina toda la energía que esta escapándose cuando dejas cosas incompletas en tu vida. ¿No me crees? Considera tu experiencia.

Cuando estás trabajando en un proyecto —cualquiera que sea—, ¿cómo te sientes cuando lo terminas? ¿Acaso no tienes un sentimiento de alivio? (Especialmente si te tomó mucho tiempo completarlo.) Es como si hubieses terminado un capítulo de tu vida; y si tienes una lista de cosas por hacer, ¿acaso no sientes como si tuvieras más energía cuando marcas que vas terminando cada una?

Cuando tienes cosas incompletas en tu vida, están disipando y minando tu energía. Así que si quieres tener más energía para crear tu obra maestra, completa las cosas incompletas de tu vida.

Puedes hacer una lista de estas cosas incompletas con tu Practicante de PNL. Estás son áreas y metas con las que puedes trabajar. Recientemente, hubo una película llamada *Ahora o Nunca* o *Antes de Partir*, según la región (2007), protagonizada por Jack Nicholson y Morgan Freeman. El argumento de esta película es que dos personas a quienes les queda poco tiempo por vivir hacen una lista de las cosas que siempre quisieron hacer, y emprenden un viaje para completarlas. Ninguno de nosotros sabe realmente cuándo se acabará nuestro tiempo en este plano de existencia, por eso nunca dejes para mañana lo que puedes hacer hoy.

¿QUÉ TE IMPIDE VIVIR LA VIDA QUE QUIERES AHORA?

Lo maravilloso es que tú tienes el poder de hacer de tu vida todo lo que quieres que sea. Las malas noticias es que tú tienes el poder de hacer de tu vida todo lo que quieres que sea.

La mayor barrera que encontrarás al ir en pos de tus metas no es ninguna fuerza externa. Es la persona que ves en el espejo todos los días.

No digo esto para apuntar el dedo o para que te sientas culpable. Esas son emociones negativas y no sirven ningún propósito positivo. Tienes la capacidad y la opción de cambiar tu vida. Hay muchas fuerzas externas que pueden hacerte creer que no tienes el poder y, aparte de eso, tienes a Don Hablador, quien trata de convencerte de que fracasarás; pero la verdad es que tienes el poder de triunfar.

La PNL te ayuda a eliminar estas barreras y ayudar a mandar los mensajes correctos a tu inconsciente. Entre más dedicado y consistente seas con el proceso, más probable es que verás resultados.

¿HAY ALGUNA PARTE DE TI QUE NO QUIERE QUE ESTO SUCEDA?

A la mayoría de nosotros no nos gusta el cambio. Estamos más a gusto en situaciones a las que estamos acostumbrados. Nos gusta saber qué esperar, incluso si no son los resultados que deseamos. Una persona puede estar trabajando como cocinero de fonda por años. Tal vez algún día quisiera ser gerente, y hasta puede haber soñado con eso. Pero sigue siendo cocinero de fonda porque tiene miedo al cambio. Tiene miedo de tomar riesgos, que es parte del cambio.

Así que hay una parte en nosotros que se resiste al cambio. Esto es natural, como un instinto innato. Por lo general, un animal no va a una parte nueva del bosque; permanece cerca de donde vive. En una parte distinta del bosque hay peligros desconocidos. Este cambio podría ser peligroso para el animal. Nosotros somos iguales; el cambio puede hacernos sentir inseguros. Aunque el riesgo sea real o no, podemos sentirnos ansiosos, e incluso auto-sabotear nuestros propios esfuerzos. Este es el miedo que está trabajando en contra de nosotros mismos.

Recuerda que una de las directrices principales de la mente inconsciente es preservar el cuerpo. Si lo que has estado haciendo todos estos años ha funcionado, tu mente inconsciente continuará haciendo eso, porque hasta ahora ha funcionado… estás vivo.

Hacer algo nuevo o diferente podría conservarnos a salvo, o quizás no; por eso la mente inconsciente se resiste al cambio.

He aquí algunas palabras sabias acerca del cambio y por qué es importante, a fin de inspirarte y alimentar a tu inconsciente de manera positiva. Una vez que usamos la PNL, podemos dejar de estorbar nuestro avance, y permitir que ocurra el cambio.

Si algo no te gusta cámbialo; si no puedes cambiarlo, cambia la manera en que piensas al respecto.

-Mary Engelbreit

Todos los cambios, incluso los más entrañables, tienen su melancolía; porque lo que hemos dejado atrás es parte de nosotros mismos; debemos morir a una vida antes de entrar en otra.

-Anatole France

Cuando ya no seamos capaces de cambiar una situación tenemos el desafío de cambiarnos a nosotros mismos.

-Víctor Frankl

El hombre que busca seguridad, incluso en la mente, es como un hombre que se cortaría las extremidades para tener unas artificiales con las que no sienta dolor o no tenga problemas.

-Henry Miller

Cuando terminas de cambiar, estás terminado.

-Bruce Barton

Los que desean felicidad o sabiduría constantes, con frecuencia deben cambiar.

-Confucio

La vida es tu propio viaje, presuponiendo su propio cambio y movimiento; el que trata de detenerlos se pone en peligro eterno.

-Laurens van der Post

El crecimiento es la única evidencia de la vida.

-John Henry Newman, *Apologia pro vita sua*, 1864

Las circunstancias del mundo son tan variables que un propósito u opinión irrevocable es casi sinónimo de estupidez.

-William H. Seward

La terquedad tiene sus características útiles. Siempre sabes qué vas a pensar mañana.

-Glen Beaman

Si no existiera el cambio, no hubiese mariposas.

-Desconocido

*Hoy día el cambio está al doblar de cada esquina;
en mis días estaba sólo a la vuelta de las esquinas esperadas..*

-V.L. Allineare

No cambiamos al envejecer; sólo nos volvemos más claramente nosotros.

-Lynn Hall

No es la especie más fuerte la que sobrevive, ni la más inteligente, sino la que responde mejor al cambio.

-Autor desconocido, atribuida erróneamente a Charles Darwin

La rueda del cambio se mueve, y los que estaban abajo, suben, y los que estaban arriba, bajan.

-Jawaharlal Nehru

Los que esperan que los momentos del cambio sean cómodos y libres de conflicto, no han aprendido de la historia.

-Joan Wallach Scott

Después de hacer algo del mismo modo por dos años, estúdialo detenidamente. Después de cinco años, vela con sospecha. Y después de diez años, deséchala y empieza de nuevo.

--Albert Edward Perlman, *New York Times*, 3 de julio de 1958

La continuidad nos da raíces; el cambio nos da ramas, que nos permiten estirar y crecer y alcanzar nuevas alturas

-Pauline R. Kezer

Si deseas ser algo que todavía no eres, debes siempre estar descontento con lo que eres ahora. Porque en lo que estás contento contigo mismo, ahí has de permanecer. Continúa añadiendo, continúa caminando, continúa avanzando.

-San Agustín

Cada principio es una consecuencia – cada principio termina algo.

-Paul Valery

La gente más infeliz es la que teme más el cambio.

-Mignon McLauglin, *The Second Neurotic's Notebook*, 1966

Dios, concédeme la serenidad para aceptar a la gente que no puedo cambiar, el valor de cambiar a la persona que puedo y la sabiduría para saber que esa persona soy yo.

-Autor Desconocido

Todos tenemos grandes cambios en nuestras vidas que son más o menos una segunda oportunidad.

-Harrison Ford

Si de verdad quieres entender algo, trata de cambiarlo.

-Kurt Lewin

Las cosas no cambian; nosotros cambiamos.

-Henry David Thoreau

Nuestra única seguridad es nuestra habilidad de cambiar.

-John Lilly

Porque las cosas son como son, no permanecerán del modo que son.

-Bertold Brecht

*Las cosas cambian para empeorar de manera espontánea,
si no son alteradas para mejorar, por diseño.*

-Francis Bacon

Un erudito que ame el confort no merece ser llamado erudito.

--Confucio, *Analectas*

Cada posesión y cada felicidad son prestadas por la suerte por un tiempo incierto, y pueden ser reclamadas a la hora siguiente.

-Arthur Schopenhauer

¿TIENES ALGUNA DECISIÓN LIMITANTE CONSCIENTE O INCONSCIENTE CON RESPECTO A LO QUE QUIERES?

Tienes dentro de ti el poder de triunfar o fracasar en casi todo. Las mayores limitaciones que tenemos son nuestras creencias. Si crees que puedes triunfar en algo, lo más seguro es que así sea. Si no crees que puedes triunfar, el éxito será sólo un accidente. Nuestras creencias son la programación por la cual la mente inconsciente dirige nuestras vidas.

Las creencias limitantes reducen nuestras opciones; las creencias habilitantes las incrementan; por eso no sólo es importante permanecer positivo con respecto a los resultados del camino hacia tu meta, debes tener la creencia habilitante de que triunfarás. Si tienes una creencia limitante acerca de tu habilidad para lograrlo, sabotearás tus esfuerzos.

La PNL ofrece una gran cantidad de técnicas diferentes que pueden ayudarte a identificar y remover tus creencias limitantes, y a desvanecer cualquier decisión limitante consciente o inconsciente.

Una manera que ha sido usada por mucho tiempo para ayudar a programar tu mente son las afirmaciones positivas. Si has pasado algún tiempo en el campo de la autoayuda, sabes que son frases cortas que programan la mente inconsciente hacia tu meta de una manera positiva y sucinta.

Las frases que usamos son cortas y directas. No dejan lugar a dudas. Muchas veces estas frases empiezan con «YO SOY». Esto pone los cambios en el tiempo presente. He aquí un ejemplo:

«Yo soy saludable y tengo un estado físico óptimo, hoy y siempre.»

Esta frase simple, al repetirla, le da a la mente inconsciente una imagen. Cuando estás diciendo esta afirmación te estás imaginando lo que ves y sientes cuando tienes en un estado físico óptimo. La mente inconsciente recibe esta imagen, y dirige tu comportamiento hacia esa meta para crear esta imagen. Este es un ejemplo de una afirmación que NO está estructurada correctamente:

«Yo quiero perder peso.»

Esto indica que «quieres» algo, pero da cabida a la duda. Además, no tiene un plazo. Recuerda que la mente inconsciente funciona con el principio del menor esfuerzo, y no trabajará más de lo que es estrictamente necesario, así que tienes que darle un plazo. También estás pidiendo que pierda algo en vez de que gane algo. Esto pone a la mente en una estructura negativa, pues implica, que tienes algo de malo o has hecho algo malo para tener sobrepeso.

He aquí otro ejemplo de una afirmación bien escrita:

«Soy una persona amorosa y atraigo a gente amorosa hacia mí.»

Al tener el «SOY», se establece el tiempo: AHORA. Declaras de una manera positiva que eres una persona amorosa y, ya que eres una persona amorosa, es natural que atraigas a otras personas amorosas a ti.

Aquí hay otro:

«Yo soy próspero y atraigo más abundancia a mi vida.»

Este establece que no sólo eres exitoso ahora mismo, sino que atraes más abundancia a tu vida.

Una vez que estableces tus metas, las afirmaciones son una herramienta fácil y poderosa, no sólo para programar tu mente con lo que quieres, sino también programa tu mente para el éxito a través del pensamiento positivo.

Recientemente he encontrado una manera más poderosa de hacer afirmaciones. Esto viene del libro de Noah St. John y Denise Bérard titulado *El Gran Pequeño Libro de las Aformaciones*, donde explican que hay una mejor manera de dirigir tu mente hacia lo que quieres, a lo cual llaman *Aformaciones*.

Verás, *afirmación* viene de la palabra en latín *firmare*, hacer firme; por otra parte, *aformación* viene de la palabra en latín *formare*, formar, o dar forma. Pero hay otro principio de la mente por lo cual funcionan tan bien las Aformaciones.

Permíteme hacerte unas cuantas preguntas, y nota lo que sucede en tu mente cuando las lees y las contemplas.

¿Qué desayunaste ayer?

¿De qué color era la habitación de la casa dónde creciste?

¿Cuál es tu película favorita?

¿Notaste lo que sucedió después de leer cada pregunta? Así es. Tu mente empezó a buscar la respuesta. Estamos diseñados para buscar respuestas a las preguntas, y por eso es que las aformaciones funcionan mucho mejor.

Puedes decir: «Soy una persona amorosa y atraigo otra gente amorosa a mí» y podrías creerlo, pero hay una posibilidad de que lo rechaces, ¿no es así?

Pero nota lo que sucede cuando te preguntas a ti mismo: «¿Cómo soy una persona amorosa y cómo es que atraigo a otras personas amorosas a mí?» ¿Notas la diferencia?

Si eres como la mayoría de la gente, tu mente empezó a buscar las pruebas para satisfacer esa pregunta.

También está es la razón por la cual estropeamos nuestro éxito cuando nos preguntamos a nosotros mismos: «¿Por qué nadie me quiere?» «¿Cómo puedo tener tan mala suerte?» «¿Por qué siempre me pasan a mí cosas malas?»

Dirige tu mente hacia lo que quieres, no hacia lo que no quieres. Recuerda que obtienes tu enfoque, así que enfócate en lo que quieres.

INTEGRACIÓN DE PARTES

Recuerda que en este libro aprendiste que la PNL funciona mejor con la mente unida, en vez de en partes. A veces podemos fragmentarnos en nuestras vidas, por eso es importante hacer una integración de partes, para alinearlas de nuevo.

Si alguna vez pensaste o te dijiste a ti mismo: «Parte de mí quiere esto, pero otra parte no» o «A veces siento como si nunca fuera suficiente» probablemente tienes un conflicto de partes.

Esta fragmentación puede ser el resultado de nuestros diferentes roles en la vida, que están siendo obstáculos los unos de los otros. Estos roles pueden significar que tenemos diferentes metas, percepciones y creencias. Parte del proceso de integración de partes es buscar estos conflictos internos y ser capaz de identificarlos. Un Practicante de PNL puede ayudarte en este proceso. Una vez que has identificado estos conflictos, necesitarás negociar o trabajar con cada una de las partes por separado y en conjunto. Mediante este proceso, las partes empezarán a alinearse de nuevo unas con otras, y eliminarás los conflictos.

En nuestros entrenamientos en vivo para Practicante de PNL y Practicante Maestro de PNL, hurgamos profundamente dentro de este proceso efectivo y directo, así que asegúrate de asistir al próximo.

Una de las maneras más eficientes de crear tu vida como tu Obra Maestra es aprovechar cada oportunidad para ser feliz… estar «en el momento». No necesitas vivir una vida larga y aburrida, sino una vida llena de felicidad. Así que, aunque estés en el ocaso de tu vida, aprovecha este día AHORA.

> *«La mariposa no cuenta días, sino momentos, y tiene tiempo suficiente.»*
>
> (Rabindranth Tagore, poeta, filósofo, autor, compositor, pintor, educador, premio Nobel; 1861-1941)

DOLOR VS. PLACER

✦ ✦ ✦

Anteriormente mencionamos el principio del Dolor versus Placer cuando hablamos acerca de Sistemas de Propulsión, y los motivadores Propulsivos y Repulsivos. Vamos a adentrar profundamente en este poderoso catalizador para el cambio.

Hablando de motivación, una de las maneras en que funciona tu mente es la constante lucha entre las fuerzas del dolor y el placer. La mayoría de tu comportamiento es dirigido por tu aversión al dolor o por tu búsqueda de placer. Considera el escritorio de tu oficina. Si es un desastre, puede ser por un par de razones diferentes. La primera opción es que hay más dolor asociado con organizar tu escritorio que con el placer de tenerlo organizado y, por lo tanto, no lo limpias. La otra opción es que puede que el desastre no sea lo suficientemente doloroso como para limpiarlo, y te gusta tenerlo como un desastre.

Tony Robbins, un conferencista y escritor motivacional mundialmente reconocido, tiene un sistema de cambio que se basa en hacer que la vida se sienta lo suficientemente mala como para querer cambiarla o hacer que tu meta se sienta lo suficientemente dulce como para perseguirla. Mucha gente batalla con cosas como el peso o las relaciones, debido a esta continua lucha interna.

Esto es muy cierto para la gente que está tratando de combatir una adicción. Hay muchos programas buenos disponibles que pueden ayudar a la gente a lidiar con sus adiciones, pero sus tasas de éxito no parecen ser muy buenas. Esto es porque cuando la gente es forzada a entrar a este tipo de programas no están listos para dejar la adicción; no importa en qué tipo de programa participen, no tendrán éxito.

La razón por la que no funcionan es porque el placer de la adicción es mucho mayor que el deseo de dejarla. No tienen suficiente «dolor», todavía. Esto es porque no han tocado fondo. Los efectos que obtienen de la adicción son mayores que cualquier dolor que estén experimentando en sus vidas en ese momento.

Una vez que han tocado fondo, es cuando puede ocurrir el cambio. Esto es verdad para muchos comportamientos. Hay un ejercicio que demuestra cómo superar comportamientos indeseados a fin de alcanzar las metas en la vida y empezar a pintar la Obra Maestra que es tu vida.

El ejercicio se llama el «Patrón Dickens», y se basa en la historia de Charles Dickens *Un Villancico de Navidad*. En el cuento, el personaje principal es visitado por tres espíritus, debido a su comportamiento negativo. Después de que se le muestra el pasado, presente y futuro, el dolor de sus acciones supera su placer de ser un mísero tacaño.

El ejercicio del Patrón Dickens sigue la misma trama. Ve el pasado, presente y futuro de un comportamiento o situación en particular. Imagínate que tienes más de 25 kg de sobrepeso. Ves en tu pasado y te das cuenta de cómo el peso adicional ha saboteado tu salud, tus relaciones y tu felicidad. Esto te hace sentir dolor por el pasado y te hace sentir horrible al respecto.

Luego puedes ver la situación en el presente, y sentir que todo está arruinado en tu vida por culpa del sobrepeso. Entonces te ves en el futuro, quizás en cinco años, 10 años más, o hasta 50 años más —si es que llegas a tal edad—, y ves cuán miserable es tu vida porque aún tienes sobrepeso. El dolor superará cualquier placer que tuvieses al permanecer con sobrepeso. Cuando abres los ojos finalmente, estás listo para tirar todas las golosinas de tu casa y encerrarte en un gimnasio.

Considera algunos de los comportamientos que te tienen atorado. ¿Están motivados por dolor o por placer? Recuerda que el dolor y el placer son dos lados de una misma moneda. Están registrados en la misma parte del cerebro. De modo que este tipo de hábito necesita una ayuda adicional para superarse. La PNL puede ayudar a voltear la moneda, a fin de facilitar el cambio.

Parte del proceso es ver cuál es la raíz del problema. En el ejemplo de arriba con respecto al peso, la raíz puede ser el confort. Quizás, en tu infancia, la comida significó hogar, confort y protección, y comer te trae esos sentimientos placenteros. Entonces, el problema verdadero no es la comida, sino lo que está haciendo que necesites el sentimiento de confort y protección. Ahora puedes decidir si hay algo que quieres eliminar de tu vida —como una mala relación— o si hay algo que te falta, como satisfacción en el trabajo.

La PNL puede ayudar a la mente a liberar el placer que recibe de los malos hábitos. No los reemplaza con dolor, sino que abre la posibilidad para comportamientos más aceptables que te ayuden en la creación de tu vida como una Obra Maestra.

TÚ TIENES ESTRATEGIAS

✦ ✦ ✦

TODOS TENEMOS ESTRATEGIAS. Son esos programas que están funcionando dentro de nosotros. Son como programas de computadora que tienen íconos en tu pantalla. Cada vez que haces doble clic en ellos, se activa el mismo programa. Esto es similar a las estrategias que tenemos. Cuando surge una situación cualquiera, activa cierta estrategia dentro de nosotros. Tenemos muchos programas/estrategias diferentes que usamos todos los días.

Puede ser una ventaja aprender la estrategia de una persona para tratar con ciertas situaciones. Por ejemplo, supón que eres un vendedor. Si conoces las estrategias particulares de cómo compra el cliente, puedes saber mejor cómo venderle cierto producto. Conocer sus estrategias de compra significa que conoces sus necesidades y cómo es su proceso de pensamiento al comprar.

Otra manera en que puedes sacar provecho de esto es si eres padre. Si conoces las estrategias de tus hijos cuando —por ejemplo— prueban algo nuevo, sabrás la mejor manera de invitarlos a comer alimentos saludables y productos nuevos.

Somos criaturas de hábitos, y las estrategias son evidencia de esto. Repetimos el mismo programa cada vez que recibimos el mismo estímulo. Por eso es importante, como padre, enseñar a los niños las estrategias correctas, para que puedan tomar decisiones correctas. Podemos activar estrategias útiles o estrategias inútiles.

El problema que tiene mucha gente con sus estrategias es que permiten que las estrategias los dirijan a ellos, en vez de aprender a dirigir sus propias estrategias. Viven la vida en el lado de El Efecto y permiten que las estrategias se activen una y otra vez, sin mucha esperanza o intento de detenerlas y programar estrategias nuevas. La PNL es genial para crear estas estrategias nuevas.

Considera la estrategia de confirmación. Esta es la habilidad que tienes de sentirte bien con las decisiones que tomas, pues confirmas que tomaste una buena decisión. Si pudieras controlar este programa, sabrías cómo confirmarte a ti mismo de que tomaste buenas decisiones. Establecerías seguridad personal y valor. Ser capaz de entender e incluso crear esta estrategia puede ser otra pincelada en la Obra Maestra en que estás convirtiendo tu vida.

Mira algunas de las estrategias que usamos todos los días. En los Estados Unidos, cada vez que se aproxima el 15 de abril, la gente se pone nerviosa, porque no están realmente motivados a pagar sus impuestos; entonces cuando se aproxima el período para rendir impuestos tratan de postergarlo lo más posible.

Imagínate cómo sería si pudieras reprogramar tu estrategia de motivación. En vez del dolor de la preocupación y demora, serías capaz de terminar esa tarea rápidamente y con gozo.

Considera por un momento la definición de *estrategia*. La experiencia humana es una secuencia infinita de representaciones internas. Son como mini-películas con imágenes y sonido. También pueden estar formadas por otra información sensorial, como el diálogo interno que ocurre, pero las imágenes y los sonidos componen principalmente estas cadenas. Una estrategia es una cadena específica. Activamos exactamente la misma cadena en la misma situación. Sin importar el tamaño de la decisión que tomemos, activamos el mismo programa.

En el caso de un cliente y su estrategia de compra, activa la misma estrategia si está comprando una barra de pan o un auto nuevo. Activa el mismo programa, el cual tiene ciertas estrategias y componentes. Por eso los buenos vendedores llegan a conocer a sus clientes y hacen preguntas para entender la estrategia que usan. ¿Buscan que los productos sean hechos en Estados Unidos? ¿Ven los reportes del consumidor? ¿Buscan calidad más que el precio? Es importante conocer estos tipos de estrategias, al igual que el orden en que se consideran.

Cuando estás creando la obra maestra de tu vida, considera las estrategias que usas al tomar decisiones. ¿Funcionan para ti? ¿Te entorpecen?

Considera cómo fueron formadas estas estrategias. ¿Cuánto tiempo has estado usándolas? Han sido útiles o necesitas cambiarlas. La PNL es una manera excelente de formar nuevas estrategias y deshacerte de las viejas.

ESTRATEGIA DE AMOR

✦ ✦ ✦

EN LA PNL EXISTE EL CONCEPTO DE ANCLAJE, el cual viene de la psicología del comportamiento. Las anclas son pensamientos o patrones de pensamiento que te mantienen atado a una idea o a un lugar en tu vida. Como las estrategias, las anclas pueden ser buenas o pueden ser muy dañinas.

El proceso de anclaje en PNL es cuando asocias recuerdos, estados de cambio u otras respuestas con algunos estímulos, de modo que la percepción del estímulo (el ancla) causa por reflejo la respuesta a la que está anclado. Muchas veces este estímulo es neutral y a veces no es consciente. La respuesta del ancla puede ser positiva o negativa. Estas anclas son formadas y reforzadas por la repetición.

Esto es similar al proceso del condicionamiento clásico, en el que se emparejan dos cosas no relacionadas y se forma un estímulo-respuesta. La versión más famosa fue cuando un científico, Iván Pavlov, emparejó en un perro el sonido de un diapasón y comida. El perro secretaba saliva cuando se le presentaba la comida.

Se golpeaba el diapasón al momento de presentar la comida. Esto se repitió una y otra vez. Después de un tiempo, el sonido del diapasón —sin que la comida estuviese presente— hacía salivar al perro. Las anclas se forman en nuestra mente de la misma manera. La repetición, tiempo e intensidad son las claves para las anclas efectivas y duraderas.

Una de las cosas que se puede lograr con la PNL es crear estas anclas con un cliente, asociando una respuesta con otra o entre un estímulo externo y una respuesta interna, en una sesión.

La forma básica de anclaje en la PNL es crear una experiencia fuerte y congruente de un estado deseado, mientras se asocian algunos estímulos peculiares (un toque, una palabra, una imagen) en el momento más intenso de la experiencia. Cuando se hace correctamente, la repetición del estímulo re-asociará y restaurará la experiencia del estado.

TIPOS DE ANCLAS

Hay muchos tipos de anclas con diferentes desencadenantes, como frases verbales, toques o sensaciones físicas, ciertas imágenes o sonidos, o de manera interna, como las palabras que nos decimos a nosotros mismos, o recuerdos y estados emocionales. A todos los efectos, todo lo que percibes actúa como un ancla, en el sentido de que lo que percibimos tiende a evocar un pensamiento, sentimiento o respuesta.

Como lo mencioné anteriormente, el proceso natural de crear un ancla puede ser bueno o malo. Por ejemplo, una tonalidad de voz que te recuerde las características de una «voz enojada» —aunque quizás no sea realmente el resultado del enojo— por lo general desencadenará respuestas emocionales en ti, si percibes la tonalidad como una expresión de enojo.

Hay ciertas circunstancias que generalmente necesitan ocurrir para que se forme un ancla.

Muchos Formadores de PNL están de acuerdo en que el desencadenador debe ser:

Específico – de otra manera el sujeto no empezará a reaccionar ante éste.

Intermitente o calculado correctamente – si fuera constante, entonces el sujeto dejaría de ser sensible a él.

Anclado a una reacción única, específica y pronta – de otro modo el ancla no tendrá una respuesta asociada, porque podría haber reacciones diferentes asociadas al desencadenador.

También es importante el reforzamiento del ancla (en otras palabras, la formación repetida dirigida de reforzamiento) debe haber un tiempo de descanso entre las veces que se repita.

EJEMPLOS DE ANCLAS Y EN NUESTRAS VIDAS

A veces una canción romántica de antaño despierta el humor romántico.

Cuando fuiste niño quizás participaste en actividades familiares que te dieron gran placer, el placer estaba asociado con la actividad misma, así que cuando piensas en la actividad o te la recuerdan tiendes a experimentar nuevamente las sensaciones placenteras.

Hojear el álbum de fotos familiar puede remover algunos recuerdos placenteros y los sentimientos asociados con ellos.

Una cobija de bebé puede ayudar a tranquilizarlo en una situación desconocida, por lo que representa el ancla de la cobija: Seguridad.

El olor de tarta de manzana recién horneada evoca recuerdos de visitas a la casa de la abuela, y los gratos recuerdos de esos tiempos.

Las fobias, en este sentido, pueden ser estudiadas como ejemplos de un ancla muy poderosa: Ves araña; te sientes aterrorizado y con náuseas.

Visitar tu antigua escuela o un lugar con recuerdos poderosos.

En las relaciones, podemos formar anclas negativas que pueden desencadenar sentimientos y estrategias de defensa, que pueden dañar una relación. Es importante darse cuenta de esto, ya que a veces estas anclas necesitan ser liberadas, y se deben formar nuevas anclas para que podamos forjar relaciones más significativas y saludables.

Un ejemplo de cómo se puede formar un ancla negativa en una relación es tratar de calmar a alguien cuando está alterado. Tal vez le demos un abrazo a esa persona cuando vemos que tiene una aflicción emocional. Con el tiempo, este simple acto puede crear un ancla asociada con el abrazo. Cada vez que esa persona te dé un abrazo, puede que de inmediato reacciones con agitación emocional. Esto no es intencional, pero puede tener repercusiones negativas en una relación. El asunto es que un gesto confortante, al principio, puede colapsar una emoción negativa. Pero al seguir conectándolo, el abrazo se vuelve una asociación a esas emociones negativas.

Un Practicante de PNL que trabaja con parejas sabe cómo provocar estrategias de amor profundo. Estas son las estrategias que usamos cuando estamos verdaderamente enamorados de alguien. Es importante recordar que la persona que se mire cuando se evoca la estrategia de amor profundo puede volverse el objeto de ese amor. Por esto los Practicantes de PNL a menudo no se sientan frente a la persona al evocar la estrategia, o la ponen de cara a su pareja. Estos tipos de estrategias de amor profundo son muy poderosas, y se pueden usar como la base para reconstruir relaciones fragmentadas. Se deben usar sólo bajo el cuidado de un profesional de PNL capacitado.

Hay otras anclas —positivas y negativas— que se pueden formar en las relaciones, que pueden hacer que una relación se sienta atascada, y la pareja puede notar que están teniendo el mismo tipo de discusiones una y otra vez. Esto es porque sus estrategias se han vuelto entrelazadas, y una frase evoca la estrategia de relación de una persona, y su respuesta puede accionar la estrategia de defensa de la otra persona. Esto puede continuar por meses o años, a menos que se forme un nuevo guión que rompa el ciclo.

ENTONCES, ¿CÓMO VAS? – PREPARA, FUEGO, APUNTA

✦ ✦ ✦

CONFORME NOS ACERCAMOS AL FINAL DE ESTE LIBRO, has aprendido muchos aspectos diferentes de la Programación Neurolingüística y lo que puede hacer por ti. Has conocido cómo funciona tu mente —tu lienzo— y las diferentes técnicas y procesos que puedes usar para Crear Tu Vida Como Tu Obra Maestra. A veces en nuestros viajes en la vida necesitamos ayuda de guías y tutores. Los trabajadores de PNL son esas guías y tutores.

A medida que avanzas en el recorrido de tu vida con tus resultados en mente, revisarás y ajustarás tus acciones constantemente. Un avión en vuelo está desviado la mayor parte del tiempo. El piloto hace ajustes. Un vuelo nunca es en línea recta. Deben reevaluar en dónde están y hacer los ajustes necesarios. A veces llaman a la torre de control para que les ayude a saber dónde están y si están desviados.

Tu operador de la torre de control es un Practicante de PNL capacitado. Puede ayudarte a ver dónde estás y cómo ajustar tu dirección para que estés de nuevo en tu camino.

El gurú gerencial Tom Peters popularizó la estrategia «Prepara, Fuego, Apunta», a diferencia de la tradicional «Prepara, Apunta, Fuego» del tiro, que causa que la gente que sufra de «Parálisis por Análisis», cuando tienen tanto miedo de cometer un error que NUNCA se mueven.

Mucha gente tiene un miedo interno al fracaso, así que dejan de intentar. Si no lo intentan, nunca pueden fracasar. La realidad es que el fracaso se vuelve tu mejor amigo. No intentar se convierte en fracaso automático.

La gente exitosa fracasa en gran medida, porque hacen muchos intentos. A través de este proceso aprendemos y crecemos. Cuando estás paralizado, como una estatua, serás incapaz de avanzar en la vida.

El gran jugador de béisbol Babe Ruth ostenta el récord de jonrones y el récord de ponchados al mismo tiempo. Esto significa que ha tenido tantos fracasos como éxitos, pero no hubiera tenido ningún éxito si no lo hubiera intentado.

Los que tienen el mayor éxito también tienen los mayores fracasos. No hay nada de malo o vergonzoso en fracasar. La mayoría de la gente no ve hacia atrás y se arrepiente de sus fracasos, se lamentan de las cosas que nunca probaron o persiguieron.

Puedes probar las técnicas de PNL y tener algunos éxitos y fracasos, o no intentar la PNL y nunca saber cómo podía haber transformado tu vida. Lo maravilloso de la PNL es que puedes hacer ajustes a lo largo del camino. No hay fracaso, sólo retroalimentación. Es el método de prepara-fuego-apunta y sorpresivamente, funciona mucho mejor que el método más común de prepara-apunta-fuego.

Una vez que entras en acción y disparas, puedes refinar tu siguiente tiro y hacer ajustes en tu tino. Podrías quedar abrumado en la preparación y nunca disparar. Por eso es tan importante disparar primero, porque puede darte información importante y mantenerte en movimiento. ¿Cuántas ideas potencialmente geniales has dejado pasar porque estás atorado en un estado de «parálisis por análisis» (i.e., prepara-apunta-apunta-apunta-apunta-apunta…)?

Lo contrario del éxito no es el fracaso; lo contrario del éxito es el estancamiento —la inacción. De hecho, el fracaso es parte del éxito. Para lograr algo digno en tu vida, tienes que arriesgarte, fallar, aprender de eso y tratar de nuevo. Lo maravilloso del éxito es que nadie recordará tus fracasos. El actor Jim Carey fue abucheado muchas veces en el escenario cuando era un joven comediante. Tenemos focos eléctricos porque Tomás Edison se negó a renunciar, incluso después de un millar de experimentos fallidos. Reestructura la palabra «fracaso»: Puedes triunfar o puedes tener una experiencia de aprendizaje. *No hay fracaso, sólo retroalimentación.*

El miedo puede congelarte en tu lugar. Tienes que dejarlo ir. Recuerda el equipaje del cual hablamos. Parte del equipaje es el miedo al fracaso.

Aunque pienses que podrías fracasar en algo, sólo zambúllete y ve que pasa. No dejes que el miedo obstaculice tu camino al éxito. Generalmente, el éxito no llega por accidente. Requiere trabajo y, lo que es más importante, valor.

Si ves a la gente más exitosa en los negocios hoy día, comúnmente verás que la mayoría de ellos tuvo una larga fila de tristes fracasos antes de encontrar algo que funcionara, y me incluyo yo mismo. Y pienso que la mayoría de esta gente estará de acuerdo en que esas experiencias fallidas tempranas fueron un factor esencial que contribuyó a su éxito futuro.

Continúa con tu meta en mente. «Considera una estampilla postal: toda su utilidad consiste en afianzarse a una cosa hasta llegar a su destino.» ~Josh Billings

Recuerda que con cada pensamiento y con cada acción estás esculpiendo la Obra Maestra de tu Vida. Con cada decisión y en cada situación en tu vida, asegúrate de ser La Causa.

Haz los ejercicios para descubrir exactamente dónde estás en la vida, y ahora que sabes cómo funciona tu mente, decide qué quieres ser, hacer y tener, y usa el proceso de M.E.T.A.® para cada área de tu vida.

Recuerda que la felicidad empieza desde dentro y un componente esencial es el balance. Despeja la negatividad del pasado.

Empieza con algunas de esas cosas incompletas que escribiste hace un rato. Esto te dará más energía disponible para las otras cosas que deseas lograr en tu vida.

Acepta el cambio como un inevitable catalizador para el éxito. Reconoce y utiliza tus estrategias para propulsarte hacia tus metas y crear nuevas estrategias para el éxito.

Sigue moviéndote en la dirección de tus sueños y sigue la estrategia «Prepara-Fuego-Apunta», y realiza los ajustes necesarios hasta que alcances tus metas en la vida.

Espero que hayas disfrutado este curso básico para crear la vida de tus sueños, porque Tu Vida Es Tu Obra Maestra.

Te invito a consultar nuestro horario de capacitaciones, y considera invertir en ti mismo y en tu futuro.

Visita nuestra página Web para ver los descuentos vigentes y las ofertas especiales para lectores de *Tu Vida Es Tu Obra Maestra* en www.TuVidaEsTuObraMaestra.com

Y, si sientes que necesitas ayuda con cualquier cosa a lo largo del camino, llámanos (desde Estados Unidos) al (888) 854-5467 para que juntos diseñemos la vida de tus sueños.

¡Carpe Diem!

www.TuVidaEsTuObraMaestra.com

[Versión en inglés: www.YourLifeIsYourMasterpiece.com]

y

no hay gente sin recursos – sólo estados sin recursos.

Acerca del Autor

✦ ✦ ✦

César Vargas tiene un Doctorado en Hipnoterapia Clínica, es Coach, Maestro Hipnotista, Master Practitioner de Programación Neuro-Lingüística (PNL) y Master Practitioner de Técnicas TIME. Es el autor de la traducción de este libro *Your Life Is Your Masterpiece – Practical Tips To Design Your Life, with Purpose*, co-autor de *Descubre TU Grandeza* y co-autor de *Desatascado: Manual del Propietario para el Éxito*, entre muchos otros.

Es traductor de *Mercadotecnia Espiritual*, por Joe Vitale, *Los Sentimientos Que Se Entierran Con Vida, Nunca Mueren*, por Karol Truman, *Secretos del Éxito de los Ricos y Felices*, por Bart Baggett, *La Ciencia del Éxito y Espiritualidad Práctica*, por James Arthur Ray, y *La Ciencia de Hacerse Rico*, por Wallace D. Wattles, el clásico de 1910 que fue la inspiración para la película y el libro *El Secreto*.

El Dr. César Vargas ofrece certificaciones en Hipnosis y PNL, al igual que cursos, seminarios y talleres sobre diferentes aspectos de desarrollo personal.

Tiene un consultorio en el sur de California, donde ayuda a clientes que viajan del otro lado de la comarca y del otro lado del mundo para obtener los resultados que desean.

Para mayores informes acerca de César Vargas, visita DoctorCesar.com o TuVidaEsTuObraMaestra.com.

OTROS RECURSOS PARA TU AVANCE

✦ ✦ ✦

A FIN DE CONTINUAR LA EXPLORACIÓN de este tema maravilloso —Tu Propia Mente— asegúrate de asistir al Curso en Vivo basado en este libro, *Diseña Tu Vida como Tu Obra Maestra*. Ven a profundizar en los temas que se introdujeron en este libro, y compartir con los demás tu éxito. Visita www.TuVidaEsTuObraMaestra.com para las fechas y ubicaciones, y maneras en que puedes participar para cambiar las vidas de la gente en tu comunidad y en el mundo.

Y allí, consulta los recursos adicionales gratuitos que puedes utilizar para continuar Diseñando Tu Vida como Tu Obra Maestra.

Recuerda que todos los días estás creando algo. Ya sea que estés creando una masa sin forma de arte abstracto o una verdadera obra maestra que te enorgullezca compartir, ¡depende de la acción que tomes ahora mismo!

> ***Descuento Especial para lectores de***
> ***Tu Vida Es Tu Obra Maestra***
>
> **Ahorra $200** del precio regular de nuestros seminarios en vivo:
> - **Diseña Tu Vida Como Tu Obra Maestra... ¡EN VIVO!**
> - **Introducción a PNL**
> - **Presentaciones Poderosas**
> - **Curso de Hipnosis de Fin de Semana**
> - **Taller Metas Certeras**
>
> Simplemente llama al 888-854-5467, Ext. 7 y menciona: TVETOM
>
> Visita www.TuVidaEsTuObraMaestra.com para más detalles.

Como un bono no anunciado, y como agradecimiento por terminar de leer el libro, y porque los triunfadores siempre contribuyen al éxito de los demás, te ofrezco a ti, querido lector, una CONSULTA GRATIS POR TELÉFONO DE 15 MINUTOS acerca de cualquier asunto en el cual consideres que te pueda ayudar por medio de las técnicas que menciono en este libro. Lo único que tienes que pagar es la llamada. Si estás en los 48 estados contiguos de Estados Unidos, yo pago por la llamada. Para redimir tu Consulta Gratis por Teléfono de 15 minutos, llama al 888-854-5467, Extensión 7, y menciona el código: CONSULTA GRATIS. Si estás fuera de Estados Unidos, escribe a Cesar.Vargas@TuVidaEsTuObraMaestra.com para coordinar cómo puedes recibir tu Consulta Gratis.

TU VIDA ES TU OBRA MAESTRA

HOJA DE PEDIDO AL REVERSO

Dr. César Vargas

Hoja de Pedido

Quisiera obtener ejemplares adicionales de ***Tu Vida Es Tu Obra Maestra*** para mí y/o para mis familiares y amigos, quienes están a punto de crear su vida como una Obra Maestra mediante estos principios de acción.

Nombre: _____

Domicilio: _____

Ciudad: _____ Edo./Prov.: _____

País: _____ Código Postal: _____

Email (sólo para confirmación): _____

Comentarios (más al reverso): _____

Rústica ____ X $19.95 (USD)   Subtotal $_____

Tapa dura ____ X $24.95 (USD)   Subtotal $_____

Envío & Manejo   USA y Canadá $ 7.50

                    A América Latina $ 12.50

Email: info@TuVidaEsTuObraMaestra.com   Resto del Mundo   Preguntar

Total adjunto (USD) $_____

Envía esta hoja con tu pago a:

Veritas Invictus Publishing
8502 East Chapman Avenue # 302
Orange, California 92869
United States

$19.95
ISBN 978-1-939180-02-5

Para obtener tus ejemplares por Internet con tarjeta de crédito, visita:
www.Tu*Vida*Es*Tu*ObraMaestra.com

www.ingramcontent.com/pod-product-compliance
Lightning Source LLC
Chambersburg PA
CBHW070757100426
42742CB00012B/2164